AF372344

MICRO HISTORIAS DE LA *Vida*

MICRO HISTORIAS DE LA Vida

La vida está compuesta por micro historias.
Cada micro historia es una etapa en la vida.
¿Cuáles son las tuyas? Todos tenemos muchas
micro historias que contar en nuestra vida
teatral.

NABARRO

Título: Micro historias de la vida
© 2020, Aitor Navarro

Autoedición y Diseño: 2020, Aitor Navarro

Primera edición: septiembre de 2020
ISBN-13: 978-84-18489-29-7

ÍNDICE

INTRODUCCIÓN

Este es, el tercer y último libro de la trilogía **"ESCENARIO DE LA VIDA"**.

Un proyecto que va más allá de un simple proyecto. Lo puedo definir como el proyecto de mi vida.

La trilogía **"EL ESCENARIO DE LA VIDA"**, es el escenario de mi vida, de tu vida, de la vida de todos. .

En el primer libro, te hable del miedo y de las inseguridades. Todo lo que produce y crea el miedo al ser humano. Medios de comunicación, entorno, familia… etc.

En el segundo libro de la trilogía, te hable de cómo superar los miedos, convertirte en un ave Fénix, resurgir de tus cenizas, para comenzar una nueva vida.

Te hablé de películas con gran carga de crecimiento personal.

Y en tercer libro, te pondré la vida delante de tus narices. Mediante 5 obras teatrales, te mostrare la verdadera cara de la vida.

Seguro que te gusta, seguro que disfrutas. Seguro que te hace pensar, reflexionar. Seguro que te sientes identificado/a.

Cuando se alza el telón… comienza la vida. Cuando se alza el telón… naces.

Cuando se alza el telón… los focos de la vida te enfocan… ¡Y acción! ¡Comienza la aventura de la vida!

En… **"EL ESCENARIO DE LA VIDA"**, te hable de la similitud de la vida con el teatro, que la vida es un gran escenario, en donde, debemos ser directores/as, guionistas y actores o actrices principales de nuestras vidas.

En… **"VIDA DORADA"**, te hablé de la grandeza de la resurrección, de cómo resurgir de las cenizas al igual que el ave Fénix para llevar una vida empoderada.

Y ahora, en… **"MICRO HISTORIAS DE LA VIDA"**, te pongo la vida en bandeja. Bellas, graciosas y divertidas historias, llenas de amor, ternura, emoción y risas.

Quiero que con mis micro historias, te emociones, rías, llores, pienses, reflexiones… y sobre todo que disfrutes.

Y estoy convencido de que, te sentirás identificado/a con las diferentes historias que leerás.

"MICRO HISTORIAS DE LA VIDA", es el broche final, la guinda del pastel a esta trilogía de crecimiento y desarrollo personal, que ahonda en la vida y en el ser humano.

La trilogía **"EL ESCENARIO DE LA VIDA"**, son tres libros humanistas, llenas de amor, ternura y mucha crítica social. Y en esta tercera obra, podrás comprobar la grandeza de la vida.

No voy a seguir hablándote. Quiero que leas, estas historias del alma que he escrito desde el rincón de mi alma. Son historias que el mismísimo universo, las hubiera escrito.

Así pues, siéntate, siéntete como si estuvieras en el teatro, ponte cómodo/a en la butaca… fíjate como se alza el telón, los focos iluminan el escenario…

Comienzan las historias… de…

"MICRO HISTORIAS DE LA VIDA".

SE ALZA EL TELÓN

Permíteme, que comience el primer capítulo de este último libro de la trilogía, con este título (que ya lo puse en "**EL ESCENARIO DE LA VIDA**"), porque todo comienza cuando el telón se levanta.

La vida y el teatro, comienzan cuando el telón se alza. Cuando el telón se alza… comienza la eterna e infinita aventura de la vida.

Cuando estoy entre bambalinas, esperando a que la obra o el espectáculo comiencen, tengo esos nervios, esas mariposas revoloteando en mi interior.

Y cuando se alza el telón… me siento feliz, poderoso, empoderado, dichoso, bendecido por el universo.

Cuando se alza el telón, los focos iluminan el escenario. Aysss. Suspiro de emoción. Mi alma me abraza con todas sus fuerzas y me desea la mayor de las suertes.

El teatro me salvó la vida, el teatro me dio vida, me dio la posibilidad de ver la vida de otra manera. Me dio el enfoque que aun no había visto.

Domino mi mente a mis anchas, a mi gusto para poder crear las historias en mi mente y luego plasmarlas a un papel en blanco.

Las historias que surgen en mi mente, sale de mi interior, es productor del amor que siento de mi mismo, de la creatividad, de la vida.

Veo, observo la vida a mí alrededor… y digo, que maravilla, que milagro. Todo esto lo tengo que plasmarlo en un papel.

De mi mente y de mi alma, salen radiografías de la vida. Y en este tercer libro de la trilogía, podrás leer y disfrutar de **CINCO MICRO HISTORIAS** diferentes, cautivadoras, llenas de emoción, de alma. Que pone en relieve la magnitud del poder del universo.

La creatividad de la vida reside en el universo. Somos universales, hijos de un mismo dios.

Se alza el telón. Los focos iluminan el escenario. El escenario de la vida entra en acción… y comienza la primera micro historia. La primera obra se llama…

"EL INVITADO INTRUSO"

EL INVITADO INTRUSO
(FICHA TÉCNICA)

PERSONAJES;

LUCÍA

INTRUSO

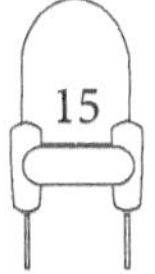

SINOPSIS;

Es una historia de un encuentro muy especial. Un encuentro que cambiará la vida por completo de Lucía.

Lucía, es una chica que está cansada de la vida, harta de todo. Va por el mal camino buscando, lo que ya tiene en su interior. Pero un buen día, todo cambia. Recibe una visita inesperada.

EL INVITADO INTRUSO

(Se alza el telón. Los focos iluminan el escenario. Sobre el escenario, hay un sofá *Vintage*, un espejo enorme, una pequeña mesita con un cenicero lleno de cigarros, una botella de vodka.

Es suelo, están repletas de latas de cerveza, ropa… suciedad. A los pocos segundos, de repente aparece una mujer en escena. Se trata de Lucía.)

Lucía entra a escena;

(Lucía, acaba de llegar de juerga a casa. Va vestida de fiesta. Camina desorientada y algo bebida.

Nada más entrar, se quita los zapatos, coge el mando a distancia del equipo de música, le da al *play*, y empieza a sonar la música a tope. En ese instante, Lucía muy alocada, empieza a bailar como si no hubiese un mañana.

Baila sin parar, canta sin parar una letra que apenas entiende, pero ella disfruta. Pero de repente… se detiene, se queda con la mirada perdida, ausente.

Coge el mando a distancia y le da al *stop*. Detiene la música. Luego, coge la botella de vodka, segundos

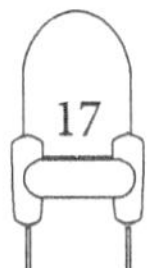

después se dirige hacia el espejo, se queda quieta, inmóvil, como si estuviese hipnotizada.

Se aproxima al espejo… se mira al espejo con rostro serio. Le da un buen sorbo a la botella de vodka y segundos después…)

LUCÍA.- Quién. Quien se va a fijar en ti. ¡Quien!

(Lucía, se dirige hacia el sofá con la botella de vodka en la mano. Se sienta en el sofá. Suspira, le da otro sorbo a la botella y acto seguido se tapa la cara desesperada.

A los pocos segundos, hay un fundido a negro en escena. Es un fundió que apenas dura unos cinco segundos.

Cinco segundos después, los focos vuelven a iluminar el escenario. Y en ese momento, hay otra persona en escena.

Se trata de una persona muy elegante, vestido con americana, chaleco, corbata… va vestido de época de los cincuenta.

Va vestido de negro y marrón. Está mirando un reloj de bolsillo atentamente al mismo tiempo que observa con rostro de pocos amigos a Lucía. A los pocos segundos…)

INTRUSO.- Son las seis y media de la mañana. (Mirando el reloj del bolsillo)

(Lucía se despierta y al ver a aquel hombre…)

LUCÍA.- **(Grita)** ¡Quien eres tú!

INTRUSO.- Llegas muy tarde Lucía. **(Mira el reloj)**

LUCÍA.- ¡Como sabes mi nombre! ¡Cómo has entrado a mi casa!

INTRUSO.- Entrando. **(Sonríe)** Lo sé todo de ti.

LUCÍA.- ¿Mi ex te ha hablado de mi ¿No? ¡Qué cabrón!

INTRUSO.- Bebes con frecuencia, fumas mucho. No te cuidas nada.

LUCÍA.- ¡Ay! Como mi médico de cabecera. " ¿Tienes apetito? ¿Comes bien?"

(Lucía le hace un corte de mangas, acto seguido. Segundos después…)

INTRUSO.- ¿No me piensas ofrecerme nada? Soy tu invitado.

LUCÍA.- ¡Eres un intruso!

INTRUSO.- Mmm… soy…. Un invitado intruso. Me gusta como suena.

(Pausa. El intruso se dirige hacia Lucía, tranquilo pero decidido y sonriendo. Lucía, en cambio se muestra intranquila y retrocede un poco. Cuando el intruso, se encuentra a pocos milímetros de ella, le dice…;)

INTRUSO.- Échame el aliento.

LUCÍA.- ¿Qué?

INTRUSO.- Que me eches el aliento.

LUCÍA.- ¿Qué estoy… en un control de alcoholemia o qué?

INTRUSO.- No. Estás en tu casa, son las seis y media de la mañana, y estás…muy borracha.

LUCÍA.- ¡Ey! Cuidado eh. Estoy… alegre, chisposa, pero sin más eh.

(El intruso, de repente, saca una libreta de su bolsillo ante la atenta mirada de Lucía. Saca un lápiz y comienza a apuntar cosas en la libreta. Lucía se aproxima al intruso. Segundos después…)

INTRUSO.- Eres… la número cien. La última de mi libreta. Y la que más… problemas me está dando.

LUCÍA.- ¿La última de… tu libreta? ¡Ay, dios mío! Que eres… ¡Un asesino!

INTRUSO.- ¿Yo, asesino? **(Se ríe)**

LUCÍA.- ¡Eres un asesino en serie! ¿En serio? ¿En serio que eres un asesino en serie?

(Lucía comienza a correr por todo el escenario. Está muy asustada. Corre alrededor del intruso. El intruso está atónito. Mira a Lucía y no se cree lo que está viendo. A medida que va corriendo alrededor suyo va gritando "¡Socorro!" sin parar. Segundos después…)

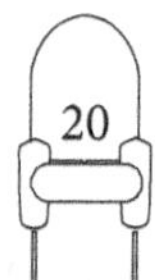

INTRUSO.- Que te quieres parar por favor. **(Pausa)** Quieres dejar de dar vueltas a mí alrededor. ¡Me estás poniendo nervioso!

(Pausa. Continúa corriendo alrededor del intruso. Segundos después…)

LUCÍA.- ¿Qué? ¿Qué te estoy poniendo nervioso? Lo que hay que oír. Un asesino en serie, me dice muy serio que no corra que le pongo nervioso.

INTRUSO.- Lucía te quieres tranquilizar por favor.

(Lucía continua corriendo muy nerviosa alrededor del intruso, pero a los pocos segundos, de repente…)

INTRUSO.- ¡Lucía, párate!

(En ese instante Lucía se detiene. Está muy nerviosa. El intruso se tranquiliza un poco y se dirige hacia Lucía. Lucía, casi con los ojos cerrados y medio temblando…)

LUCÍA.- ¡Ayyy! No me hagas nada por favor. Virgencita, virgencita, que me quede como estoy.

INTRUSO.- ¿Borracha? ¿Así te quieres quedar? **(Pausa. Suspira)** En fin… **(Pausa)** Escúchame con atención. **(Pausa)** No soy ningún asesino.

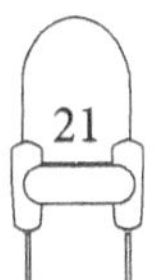

LUCÍA.- ¿No?

INTRUSO.- No. **(Pausa)** Soy… tu… lo que vosotros, los mortales llamáis… ángel de la guarda.

LUCÍA.- **(Pausa)** ¿Qué? **(Pausa)** Así que… ¿Eres mi ángel de la guarda?

INTRUSO.- Si.

LUCÍA.- **(Pausa)** Ah. Ya. Claro.

(Pausa. Lucía mira hacia arriba, como si estuviese buscando algo. El intruso está atónito. Segundos después…)

LUCÍA.- ¿Dónde están las cámaras?

INTRUSO.- ¿Qué?

LUCÍA.- Las cámaras. Las cámaras ocultas. ¿Dónde están? ¿En dónde las habéis escondido? ¿En que *reallity* voy a salir?

INTRUSO.- Estás más borracha de lo que pensaba. Ni hay cámaras ocultas ni vas a salir en ningún *reallity*. Soy tu ángel de la guarda y me envía el universo. ¿Ha quedado claro?

LUCÍA.- **(Pausa)** No.

INTRUSO.- Pues yo creo que, está bien claro. Soy tu ángel de la guarda y me envía… ¡El universo! **(Señala hacia arriba)**

(Pausa. Lucía atónita, le mira de arriba abajo al intruso, mientras que este sonríe. Segundos después…)

LUCÍA.- ¡Ay, dios! ¿Por qué atraeré a todos los locos?

INTRUSO.- Lucía, somos energía. Bueno, vosotros lo llamáis alma. Todo se reduce a energías positivas y energías negativas.

LUCÍA.- ¡Te pillé! Eres un… ¡Comercial de Iberdrola! ¿A que si?

(Pausa. Lucía va hacia la mesa, coge un recibo de la luz y se le enseña al intruso y acto seguido…)

LUCÍA.- ¡Ey! ¡Mira! Todo pagado! Así que, no me deis más la lata. ¿Vale?

INTRUSO.- (Pausa) Lucía… soy tu ángel de la guarda. Ahora escúchame con atención; me han enviado mis jefes, porque están furiosos. Contigo… y sobre todo conmigo, porque no estoy haciendo bien mí trabajo. Pero es que… hija mía, eres una persona muy difícil y complicada eh.

LUCÍA.- Si. Eso mismo me decían mis profesores y el párroco de la catequesis. Al cual… le vomité el día de la comunión.

INTRUSO.- Si, ya me acuerdo. **(Sonríe)** Yo estaba ahí, en la iglesia, junto a ti.

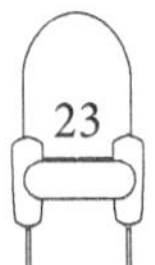

LUCÍA.- ¿Estuviste en mi comunión?

INTRUSO.- Claro. **(Pausa)** En tu comunión, estaba a tu lado y te susurraba al oído… "Tranquila, no te pongas nerviosa". Pero… tenías unos nervios…. Y te entraban unas arcadas… que, al final… pasó lo que tenía que pasar. **(Se ríe)** Le vomitaste al cura en la mano que sujetaba el pan de ángel. No te lo tomes a mal, pero fue… la ostia. **(Deja de reírse. Pausa)** ¿Quieres que te cuente un cotilleo… de ángeles?

LUCÍA.- Si, si. Por favor. Me encantan los cotilleos.

INTRUSO.- Pues, escucha. Tu ex marido vive en la actualidad con una rubia ludópata en Teruel. ¡Continua, de camionero! y es adicto a la cocaína.

LUCÍA.- (Pausa. Está perpleja) Joder. Pero… o sea… ¿Teruel existe?

INTRUSO.- *(Pausa. Perplejo)* Si, existe. **(Pausa)** Lucía, te conozco como si te hubiera parido. De hecho, estuve en el parto. Es más, yo fui, el que te dio, cachete en el culete. **(Pausa)** Lucía, tienes que ser más positiva. Si piensas en cosas positivas, tendrás cosas positivas y si piensas cosas negativas, tendrás cosas negativas. Eso es la ley de la atracción.

(Pausa larga. Lucía se aproxima al intruso. Le mira de arriba abajo. El intruso se queda sorprendido, mira a Lucía atónito. Lucía le mira de muy cerca y a los pocos segundos, le propina una bofetada. El intruso se queda patidifuso y furioso. Acto seguido…)

INTRUSO.- Pero… ¿Por qué me pegas? ¡Te has vuelto loca o que!

LUCÍA.- ¡Uy! ¡Perdona! ¡Pero si eres de verdad!

INTRUSO.- ¡Pues si, soy de verdad! **(Pausa. Furioso)** ¡Desde luego…! ¡Estás loca!

LUCÍA.- ¡Eh! Solo…bebida y alterada. **(Pausa)** Así que, eres mí… segurata.

INTRUSO.- Si. **(Pausa)** Bueno, más o menos. Nosotros, al nacer, os sacamos a la luz y… luego os llevamos por el famoso túnel hacia la luz. Y entre tanto… os tenemos que cuidar, proteger, ayudar… etc. Que inconscientes sois los humanos. Cuando os va mal en la vida… miráis para arriba y nos llamáis para que os arreglemos lo que habéis estropeado. Oye, ¿Me podrías dar un vasito de whiskey? Y con dos hielos por favor.

LUCÍA.- ¿Los ángeles beben whiskey o qué?

INTRUSO.- Claro. Acaso… ¿Tú no bebes o qué? Mira que borrachera llevas encima.

LUCÍA.- Si, pero yo bebo… para ahogar mis penas… y porque estoy… sola.

(Pausa. Lucía, se deja apoyar en los brazos de él, pero el intruso reacciona y se aparta de inmediato de ella. Acto seguido…)

INTRUSO.- Ya. Bueno, lo típico en los seres humanos. Os encanta quejaros y haceros las víctimas. **(Pausa)** En mi anterior trabajo, me tocó

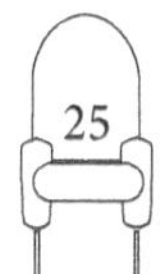

cuidar a un bebedor nato. Se bebía todo lo que tuviese alcohol. Su lema era... "Al pan, pan. Y al vino... me pongo fino".

LUCÍA.- ¿Que era... un alcohólico anónimo de esos?

INTRUSO.- ¡Qué va! Era muy conocido en el barrio. Veinte años llegando a casa borracho. Y claro, tenía que estar con él, porque era su ángel de la guarda. Así que, no había noche que no me tomara dos botellas de whiskey. **(Pausa)** Mis jefes estaban hartos. Me decían... "o cambias su actitud o... irás al agujero negro. **(Pausa)** Una noche, me presenté, hablé con él y... terminé borracho, en calzoncillos y cantando "la macarena". **(Pausa. Suspira)** Al día siguiente... mi humanoide terminó etílico perdido en un hospital. Recuerdo que, el doctor le dijo a su esposa; "Señora... ignoro como tendrá su marido la sangre, pero... le puedo asegurar que tiene un cacique muy bueno eh."

LUCÍA.- ¿Y de que murió? ¿De un coma elítico ?

INTRUSO.- (Pausa) Querrás decir... etílico. ¿No?

LUCÍA.- No. Elitico.

INTRUSO.- (Pausa) No. Se atragantó con un hueso de un pollo. Se ahogó. Me pilló de sorpresa, no me lo esperaba. Y cuando el falleció pues... me tocó a ti. Eres mi última oportunidad. Lucía tienes que cambiar...

LUCÍA.- ¡Basta ya! ¡Estoy harta! ¡Harta! Todos me decís, lo que tengo que hacer. Que si tengo que buscarme un trabajo digno... que si...

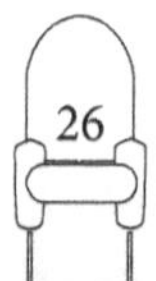

debería buscarme un novio, casarme… tener hijo… ¡Dejarme en paz!

INTRUSO.- Lucía, lo que necesitas, lo que realmente necesitas es…

LUCÍA.- ¡Es amor! **(Se echa a sus brazos)**

(Pausa. Lucía se abraza al intruso con pasión y cierta desesperación ante la perplejidad de su ángel de la guarda. Que no sabe ni en donde meterse, ni a dónde mirar… ni que hacer. Segundos después…)

INTRUSO.- Lucía… **(Pausa. Se separa un poco de ella y…)** tienes que aprender de tus tropiezos, de tus fracasos… y tú en tu mente, llevas tatuado la palabra fra-ca-so.

(Acto seguido, Lucía se separa un poco más de su ángel y…)

LUCÍA.- Y en mi nalga derecha "El Rodri".**(Pausa. Suspira)** Que cabrón. Anda que no me dolió el tatuaje. Me abandonó, dejándome una nota… "Que seas feliz". **(Pausa)** ¿Y qué es la felicidad?

INTRUSO.- La felicidad está en tu interior, en tu alma. El universo mueve los hilos de la vida, él te da y te quita, según lo que estés decretando y pensando.

LUCÍA.- (Pausa) Pues yo ahora mismo… **(Comienza a caminar alrededor de su ángel)** estoy pensando… **(Empieza a seducirle, tocándole el rostro y el pecho)** en un bombero desnudo… macizorro… que apague con su manguera, la sed de mi alma.

INTRUSO.- **(Pausa. Muy nervioso)** ¿Qué?

LUCÍA.- ¿Eres el bombero que he pedido en mis sueños?

(Pausa. El ángel está muy nervioso. Lucía, continua seduciéndole. Segundos después…)

INTRUSO.- Pues… lo siento, pero no. **(Pausa)** Lucía… el universo no concede deseos lujuriosos. LUCÍA… **(Pausa. Atónito)** ¿Qué haces Lucía?

LUCÍA.- Quédate conmigo. Nos lo pasaremos bien. No eres un bombero, pero…

INTRUSO.- Pues no, no soy tu bombero. Soy tu ángel de la guarda.

LUCÍA.- Ya. Bueno… da igual. Nadie es perfecto. No eres un bombero pero algo es algo. ¿No?

INTRUSO.- Si, claro, algo es algo, pero… yo no soy tu bombero. **(Pausa)** LUCÍA… basta.

(Pausa. Aparta a Lucía de él. Acto seguido…)

LUCÍA.- ¿Qué? Pero…

INTRUSO.- **(Pausa)** Lucía… yo… lo siento… solo he venido para ayudarte.

LUCÍA.- Ah. ¿Si? ¡Pues que sepas, que no me estás ayudando nada! ¡Nada! Así que… ya puedes ir largándote. ¡Intruso!

INTRUSO.- (Pausa) LUCÍA estás negativa, otra vez. Y eso provoca tu falta de autoestima.

(Pausa. Lucía, empieza a caminar alrededor suyo sonriéndole. Le acaricia y le roza con sus dedos su rostro, su pecho… su ardor y desesperación alcanza, un clímax total y muy cómico, rozando el esperpento. Su ángel está bloqueado, atónito. Segundos después…)

INTRUSO.- (Pausa. Nervioso) Lucía… ¿Te encuentras bien?

LUCÍA.- Perfectamente. ¿Tu?

INTRUSO.- Pues… incómodo, la verdad. Lucía… tienes que… creer en ti, valorarte. Solo así, conseguirás que las cosas… fluyan.

LUCÍA.- ¡Enséñame a fluir! **(Le semi abraza. Pausa)** Fluyamos juntos. Juntos, café para dos… **(Canta la canción)**

(Pausa. LUCÍA y su ángel, comienzan a cantar al unísono la canción "JUNTOS" pero lo cantan muy mal. Segundos después, el ángel reacciona y aparta a Lucía bruscamente. Lucía se queda atónita. Acto seguido…)

LUCÍA.- ¿Me rechazas? ¿Tu… a mi?

INTRUSO.- ¡No sabes aprovechar las oportunidades que te brinda la vida!

LUCÍA.- ¿Qué oportunidades me ha dado la vida, tío listo?

INTRUSO.- Muchas.

LUCÍA.- ¿Muchas? ¡Ja! ¡No me hagas reír!

INTRUSO.- si, muchas. Por ejemplo… yo. El universo te ha enviado tu ángel de la guarda.

LUCÍA.- **(Pausa. Mira hacia arriba)** ¡Pues, muchas gracias, su excelencia! Muchas gracias por… este paquete. **(Le señala)**

(Pausa. El ángel de la guarda se mira asimismo anonadado. Segundos después…)

INTRUSO.- Lucía, el universo te ha dado muchas oportunidades. Pero tú… no las has visto. El tren pasa pero no lo quieres ver.

LUCÍA.- A mí, el tren aun no me ha llegado.

INTRUSO.- A todos les llega el tren. Pero hay que querer verlo y… atreverse a subir. He venido para ayudarte a coger ese tren.

(Pausa. Lucía, de repente, se abalanza sobre su ángel y acto seguido…)

LUCÍA.- Si, si… tú eres ese tren. ¡Eres mi tren! ¡Estás como un tren de mercancías! ¡Quédate conmigo!

***INTRUSO.-* (Pausa. Atónito. Se vuelve a separar de ella)** ¡Por favor! ¡Y dale! Pero que pelma y agobiante que eres, hija mía. Que no. ¡Que no puede ser! ¿No lo entiendes?

LUCÍA.- ¡Pues no! **(Pausa)** ¡Quédate conmigo!

INTRUSO.- Lucía, ya te he dicho que…

LUCÍA.- ¡Te lo ordeno!

INTRUSO.- ¿Qué? ¿Qué me lo ordenas?

LUCÍA.- ¡Si!

INTRUSO.- Está claro, que aun estas bajo los efectos del alcohol y las drogas.

LUCÍA.- La has cagado conmigo colega. Así que, ahora te toca solucionarlo.

INTRUSO.- ¿Qué? ¿Cómo? ¿Qué la he cagado contigo?

LUCÍA.- ¡Pues si! Toda la vida conmigo y has dejado que sufriera, que no fuera feliz… que…

INTRUSO.- ¡Basta! ¡Basta ya! ¿Pero… quien te crees que eres, para echarme la culpa de tus fracasos?

LUCÍA.- Yo soy como tu cliente. Y tu mi segurata. Y los clientes siempre tienen razón. Así que… no te queda otra que., quedarte conmigo hasta el final.

INTRUSO.- Los clientes no siempre tienen la razón. Es más… casi nunca la tienen. Y por cierto… ¡Tú no eres mi cliente! **(Pausa)** Tú eres… ¡Mi penitencia!

LUCÍA.- ¿Qué? ¿Cómo te atreves…? ¡Intruso!

(Pausa. El ángel de la guarda comienza a deambular muy nervioso y enfurecido por el escenario. A los pocos segundos…)

INTRUSO.- ¡Joder! Aquí, todo dios me hace responsable de sus fracasos. ¡Y yo qué culpa tengo, si no sois capaces de vivir la vida que soñabais! **(Pausa. Suspira)** Ya lo siento LUCÍA, pero… no puedo quedarme contigo. Mi jefe… el universo, no me dejaría.

LUCÍA.- (Pausa) ¿Cómo lo sabes? ¿Acaso se lo has preguntado?

(Pausa. El ángel se queda sorprendido y pensativo con la pregunta que le ha realizado Lucía.

El ángel de la guarda, comienza a caminar… pensativo, de repente se detiene. Mira hacia arriba y a los pocos segundos, comienza a gesticular, como si estuviese hablando con el universo. De repente, el ángel cierra los ojos, como si estuviese hablando por telepatía con el universo.

Lucía se queda atónita, le mira atentamente, de arriba abajo… caminar a su alrededor. Lucía le mira y mira también hacia arriba. A los pocos segundos…)

LUCÍA.- Que. ¿Te dicen algo… desde Radio Marte? **(Se ríe)**

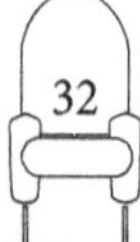

(Pausa. El ángel abre los ojos, le mira de reojo con mala cara a Lucía y…)

INTRUSO.- Me dicen que estás loca y que no tienes ningún respeto hacia la vida.

LUCÍA.- ¿Algo más que añadir señoría?

(Pausa. El ángel de la guarda vuelve a mirar hacia arriba, gesticula un poco, sonríe y le hace un señal de aprobación al universo con el dedo pulgar. Segundos después, mira a Lucía, suspira y acto seguido…)

INTRUSO.- Me quedaré contigo.

LUCÍA.- (Pausa) ¿Qué? ¿Qué has dicho?

INTRUSO.- Me quedaré contigo. **(Sonríe)**

LUCÍA.- ¿Si? ¿De veras?

INTRUSO.- Si. **(Sonríe)**

LUCÍA.- ¿Hasta el final…? ¿Hasta el final de mi vida?

INTRUSO.- (Pausa. Suspira) Si. **(Sonríe)**

LUCÍA.- Pero… ¿Hasta el final… final, final?

INTRUSO.- Si, así es.

LUCÍA.- ¿Me lo juras?

INTRUSO.- Los ángeles no juramos. Cumplimos, protegemos y trabajamos. Pero… si te sientes más tranquila, jurándotelo pues… te lo juro. **(Sonríe. Le guiña un ojo)**

(Pausa. Lucía está llena de emoción. Se siente feliz. A los pocos segundos, de repente, va corriendo hacia su ángel y le abraza con todas sus fuerzas, llena de amor.

Su ángel de la guarda le protege entre sus brazos. Segundos después...)

INTRUSO.- Dime Lucía, ¿Con que soñabas de pequeña?

LUCÍA.- (Pausa) Soñaba... con no tener miedo, con ser feliz... soñaba con bailar... ¡Con ser libre!

INTRUSO.- Pues ahora... vuelve a tu infancia, saca esa niña que llevas dentro y... sueña, baila y sé libre.... Hasta que termines tu vida entre los mortales.

LUCÍA.- Si. ¡Eso haré! ¡Viviré como si no hubiese un mañana!

INTRUSO.- Valora la vida, valora cada instante, cada segundo... ¡Valórate!

(Los focos bajan la intensidad. Lucía se queda entre penumbras, pensativa. Inmóvil. Segundos después, comienza a caminar, observa la majestuosidad de la vida, toca la vida con la punta de los dedos.

Baila, sonríe... se mueve feliz y libre, mientras que su ángel de la guarda le observa y segundos después se va sonriendo.

A los pocos segundos... los focos se van apagando. Un fundido se va adueñando del escenario. De repente, una voz en off...)

VOZ EN OFF.- Vive, baila, sonríe, llora, salta, cae, levántate… ¡VIVE! La vida es un proceso de aprendizaje. Sois líderes de vuestras vidas.

FIN DE LA OBRA

ANÁLISIS OBRA 1

¿Qué te ha parecido la historia? Es una obra teatral pero como bien sabes y muchas veces he dicho, el teatro es pura vida.

Con lo cual, lo que acabas de leer es una historia de la vida, una historia que por muy surrealista y fantasiosa que te pueda parecer, no deja de ser una historia… de la vida.

Es la historia de Lucía, pero podía ser mi historia, tu historia, la historias de tu padre, madre, amigo/a… etc.

Porque… ¿Quién no tiene un ángel de la guarda?

Todos estamos protegidos por el universo (dios) y como no, por nuestro ángel de la guarda, que vela por nosotros y muchas veces termina desquiciado por nuestra falta de fe y por nuestra capacidad de rendirnos.

En la historia de "El invitado intruso", se ve la falta de fe del ser humano, en este caso de Lucía. Se deja llevar por el derrotismo y la negatividad. Deja de valorarse, deja de valorar la vida… se olvida de vivir.

El intruso (el ángel de la guarda), mucha veces en clave de humor pero hace hincapié en la clase de seres que somos, los humanos. Especiales, derrotistas, miedosos... siempre rezando sin fe, siempre orando sin fe, siempre mirando hacia arriba y maldiciendo a la vida por nuestros fracasos.

Ciertamente, no sabemos aprovechar las oportunidades que nos brinda la vida, no sabemos ver el tren de la vida.

Siempre se ha solido decir que en la vida, el tren pasa una sola vez. Y no es verdad. El tren pasa unas cuantas veces durante la vida. Pero hay que querer verlo y sobre todo... atreverse subir a ese tren.

El tren que nos puede cambiar la vida por completo. Y para bien claro. Pero como muchas veces he dicho, lo nuevo nos asusta y nos dejamos llevar por las circunstancias.

"El invitado intruso", es una comedia existencial, celestial, con fuerte crítica social hacia el modelo de vida que llevamos.

Siempre con el humor como bandera, porque el teatro y la vida, por muy dura que pueda ser (a veces), siempre hay momentos para la risa.

"El invitado intruso" es una obra para reír y reflexionar. Espero que te haya gustado, estoy seguro que si. Estoy seguro que te habrás reído y habrás pensado, reflexionado.

Y te habrás preguntado....

"¿Vivo mi vida... como si no hubiera un mañana?

¿Mi ángel de la guarda estará contento conmigo? ¿Qué pensará el universo de mi?"

Si te has hecho esas preguntas, después de leer la primera micro historia de la vida, entonces me quedo tranquilo y contento, porque ese era mi propósito.

Antes de ir a por la segunda micro historia, te hablaré de algunas cosas muy interesantes. Que seguro, que te resultaran muy interesantes y validas para el día a día.

En el próximo capítulo, te hablaré de la cultura. Pero una cultura muy especial, que por desgracia se está imponiendo.

¡Pasa la pagina que te espero!

LA CULTURA DEL MIEDO

Vivimos en la cultura de terror, del miedo. Pero desde siempre eh. Nos han impregnado, adoctrinado con la cultura del miedo.

Nos lo han metido por un embudo las creencias del miedo en la cabeza. Pero bueno, de todo esto, ya te hablé en los dos libros anteriores de la trilogía.

En este capítulo, te hablaré de la histeria colectiva que estamos viviendo. Hoy, 10 de marzo de 2020, vivimos una histeria colectiva fuera de lo común.

La sociedad está aterrorizada por la amenaza de la enfermedad del Coronavirus.

¿Qué es el coronavirus?

Una enfermedad contagiosa, similar a la gripe. Tos, malestar y fiebre. Contagioso como cualquier otra gripe común.

No hace falta ser ingresado (solo en casos especiales o en muy graves) tiene curación, incluso tiene vacuna.

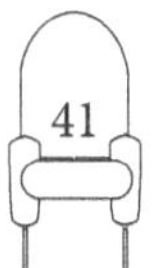

Para el coronavirus, el COVID 19 (como le han bautizado), llevar una dieta saludable, no fumar, no beber… y no tener ninguna patología es fundamental.

Y como toda enfermedad, si no se trata adecuadamente (y dependiendo de la edad y si tiene problemas de salud) puede empeorar.

Hace un mes y medio aproximadamente, nos dieron la noticia que en China, habían descubierto un virus (ya existía de hace tiempo) y curiosamente, el gobierno chino ya lo sabía de hace tiempo, puesto que dos meses antes ya habían construido 3 hospitales (creo).

Para que veas, que bien lo tenían orquestado. Con el fin de meter el miedo en la mente de las personas.

Desde que dieron la noticia los medios de comunicación hasta ahora, ha habido una epidemia a escala mundial.

Empezó en China, luego se fue para Irán, luego vino de repente a Europa. Y en Europa, los países más dañados por la epidemia, Italia y España. Ahora también está en "estado de alarma) EEUU, Portugal y Reino Unido.

Personas contagiadas, personas enfermas, ha habido fallecidos pero no se sale de escala de la normalidad. Está lejos de ser una enfermedad de la edad media y es menos contagioso y peligroso que el sarampión, la rubeola, la tuberculosis o la meningitis.

Los medios de comunicación no paran de hablar de la pandemia y del fin del mundo, dando malas noticias (y falsas en muchos casos), los gobiernos solo dan información negativa, creando incertidumbre, nerviosismo, ansiedad, preocupación y confusión.

¿RESULTADO?

Histeria colectiva. La gente se ha dejado llevar por las circunstancias y sus mentes se han convertido en zafarranchos de combate.

Miedo, miedo, miedo…. confusión, alerta, desconfianza hacia todo… etc.

La gente ha empezado a comprar compulsivamente en los supermercados, como si viniese el fin del mundo. Y las consecuencias han sido que los supermercados al ver la avalancha de locura, han subido el precio de los productos.

Otra consecuencia es que la gente ha acudido a las farmacias a comprar mascarillas. Lo que pasa es que, la gente ha comenzado a comprar mascarillas y productos de farmacia por miedo e ignorancia.

La ignorancia y el miedo son el deporte rey de la sociedad, sumida en las creencias del pánico. Gasto, gasto y gasto. Y todo por miedo a enfermar de algo muy común en otoño e invierno.

Es verdad, que las personas de tercera edad y los menores son los que más facilidad tendrán para caer enfermos, porque son edades, en donde las defensas del cuerpo no están del todo fuertes o escasean.

En definitiva, el miedo se ha adueñado de la sociedad, del mundo entero. ¿Quién sale ganando? Los gobiernos y las empresas farmacéuticas. Y tienen un fiel ayudante para llevar semejante campaña. Los medios de comunicación.

Por eso mismo, siempre digo, no leas los periódicos, no veas los informativos. Pon en duda lo que escuches en la radio.

Han metido la cultura del miedo por todos los sitios. Y está en nuestras manos en no caer en manos del miedo y del pánico. Evidentemente hay que tomar medidas para no contagiarse y no contagiar a los demás pero…

¡Pero sin hacer tonterías ni dejar de hacer vida normal! Ni tienes que comprar compulsivamente ni convertirte en un autómata preso del miedo.

Ahora se ha puesto de moda el coronavirus, como en su día, se puso de moda la gripe aviar, la porcina, las vacas locas… etc. Cada "x" tiempo, sacaran algo para meter miedo a la mente y al cuerpo.

Y a eso, se le llama terrorismo psicológico o/y fomentar la cultura del miedo. En tus manos está, caer preso de los que nos quieren ver cabizbajos, caer preso de tu mente o… seguir haciendo tu vida.

Nos dicen todos los infectados, fallecidos… pero no nos dicen cuantos se han curado que son más del 60% y cuantos están en proceso de curación muy avanzado que son el 30%. Solo nos dicen lo que les interesa.

Para cuando leas este libro, para cuando llegues a este capítulo y estés leyendo esto, la moda del coronavirus ya habrá pasado, ya se le habrá vencido, pero eso no quiere decir, que haya dejado de existir.

Recuerda, que tu peor enemigo, la peor enfermedad la tienes tu en tu interior, o más bien… en tu mente. Así que, en tus manos está el ser libre o esclavo de tu mente y de la sociedad.

En fin… vamos a dejar este capítulo catastrofista a un lado. En el siguiente capítulo, que te hablaré de una película muy interesante y muy bonita. Es una película de guerra pero hablando de paz y amor.

¡Te espero en el siguiente capítulo!

PAZ EN ÉPOCA DE GUERRA

A continuación te voy hablar de una película, llena de vida y de esperanza.

En los dos anteriores libros de la trilogía, no te hablé de ella. Ni tan siquiera, te la mencioné en el libro "**VIDA DORADA**", en el capítulo de las mejores películas de crecimiento personal.

Se tratan de la película "*Guerra y paz*" del director *King vidor,* que adaptó la magnífica obra literaria de *León Tolstoi.*

Es una película de guerra pero, en el que se habla de paz. De la guerra interna que tiene el ser humano, luchando por dominar su mente y encontrar la paz.

"Guerra y paz" es una historia sorprendente. Bella, mágica, llena de amor, llena de desamor, llena de vida, llena de risas porque tienen momentos realmente cómicos.

Cuenta la historia de amor de dos personas de la clase alta, aristocrática de la antigua Rusia. Amores, desamores, bailes de salón… la vida en abundancia de amor y dinero.

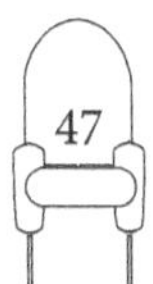

Pero todo cambia cuando las tropas de Napoleón, entran a Moscú. Esos aristócratas, esa clase alta que vivía feliz, cómoda, muy cómoda. De repente, la vida, el universo le pone la vida patas arriba.

Sus vidas cómodas se convierten en vidas muy incomodas. Y es entonces, cuando creen que la vida es injusta pero es ahí cuando empiezan a leer la vida en su significado.

Cuando peor están, cuando más incomodo les pone el universo, es entonces cuando realmente empiezan a valorar la vida, sus vidas. Y empiezan a querer, a amar de verdad.

Hay unas escenas con unos diálogos muy buenos, muy significativos. Hablan del universo, de la abundancia, del destino, de cómo cambiar tu destino, del amor y de amar la vida al igual que al prójimo, aunque te haya dañado o perjudicado.

Para que veas, que **León Tolstoi**, ya mencionaba en sus obras al universo, a la abundancia del universo, al miedo y a sus consecuencias

Las consecuencias de vivir cómodamente sin valorar la vida. Y que esa despreocupación, convertida en dejadez, traía consigo unas consecuencias.

En una escena, en donde hay dos presos. Uno de ellos, dice que se siente afortunado a pesar de estar en la cárcel.

Cuenta, que él vivía muy cómodo con mucha abundancia, excesiva abundancia. Y un buen día, estalló la guerra, le cogieron y le obligaron a alistarse al ejército.

Pero aun así, da gracias a dios, al universo por ser a él quien cogieron y no a su hermano, ya que era padre de cinco hijos.

Con esto te quiero decir que, pase lo que pase, siempre hay un lado positivo, siempre hay que mirar el vaso medio lleno. Siempre hay un motivo.

Las cosas nunca suceden por azar ni por casualidades de la vida. Las casualidades no existen. Solo existen las causalidades.

Hay otra escena, en donde el protagonista estando muy grave en cama, admite, confiesa que ha tenido mucha ira en su interior. Que estaba lleno de rabia.

Pero que ahora, estando muy grave ha podido comprender el milagro de la vida. Que ahora, casi en su lecho de muerte, ha vuelto a amar, que está lleno de amor. Y que entiende la vida como un milagro.

Pues, así era y así pensaba **_León Tolstoi_**. Gran escritor, gran dramaturgo, con unas ideas revolucionarias sobre la vida y el universo. Amaba y pensaba como un grande del crecimiento y desarrollo personal.

León Tolstoi nunca fue profeta en su tierra, odiado y repudiado por unos y otros, por ser un gran humanista, que entendía a la perfección la vida, el funcionamiento del universo. Y supo ver todas las carencias del humano y las plasmó en sus historias.

Como ya he dicho en contadas ocasiones en los libros "**EL ESCENARIO DE LA VIDA**" y en "**VIDA DORADA**", las películas, las canciones, las obras teatrales están llenas de mensajes.

Con miedo no se puede vivir, con rabia e ira no se puede vivir, sin amor… no se valora la vida ni se valora uno/a mismo/a.

Hazme un favor, hazte un favor… de aquí en adelante, presta atención a las letras de las canciones, a los diálogos de las películas y de las obras teatrales. ¿Vale?

Veras como todo, todos… hablan de los mismo. Aunque, las historias sean diferentes, al final todos hablan del universo, de sus leyes, del amor y de la posibilidad de cambiar el destino, controlando cada uno su propia vida. Viviendo sin miedo.

En el siguiente capítulo, te hablaré del siguiente micro historia de la vida.

¡Prepárate!

EL PERCHERO
(FICHA TÉCNICA)

PERSONAJES;

Manuela Huerta

Dorotea Trujillo

SINOPSIS;

"El perchero" es una obra cómica, con trasfondo social y espiritual.

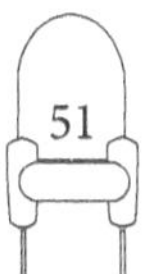

Cuenta la historia de dos mujeres, que viven sus particulares crisis, inducidas por vivir en el pasado y presas de sus mentes. Es una obra, que toca muchos temas y puntos.

Sin más preámbulos, te dejo con… "**EL PERCHERO**". Cuando lo leas, desearás comprar un perchero.

EL PERCHERO

(Se alza el telón. Los focos iluminan el escenario. Sobre el escenario, hay un sofá. Cerca del sofá hay una silla moderna con ruedas y giratoria.

La pared está llena de títulos enmarcados. Diferentes títulos. Hay un perchero, vestido como si fuera un espantapájaros.

Sobre el escenario, se encuentra Dorotea se encuentra en el escenario. Ella es de Puerto Rico. Dorotea, es una mujer de mediana edad. Va vestida de manera elegante, pero bohemia.

Es una psicóloga, que intenta huir de sus recuerdos que le atormentan. Dorotea está sentada en su silla giratoria, pensativa, con un cigarro entre los dedos. Dorotea suspira continuamente, mira el cigarro y....)

DOROTEA.- Miserable, me quieres arruinar la vida. Que sepas... que la marihuana te supera con creces. Me da placer... y me hace reír. (**Se ríe. Pausa. Pensativa**) Dorotea... siempre catea.

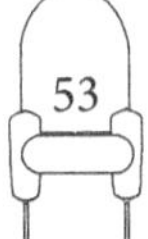

Dorotea siempre catea. ¡Siempre no! Me saqué el titulo de psicoanalista exprés. Tres meses de intensivo. Los políticos, todos, tienen un máster falso. Así que… más que ellos, ya tengo. (**Acento P. Rico**)

(En ese instante, rompe el cigarrillo, lo tira al suelo y acto seguido, de repente, empieza a dar vueltas en la silla. Girando sin parar y riéndose.

A los pocos segundos se detiene. Se pone muy seria mirando al horizonte, luego mira al perchero… sonríe… se levanta y va hacia el perchero. Deambula alrededor del perchero, tocándolo… como si estuviese seduciendo al perchero… y a los pocos segundos…)

DOROTEA.- ¿Y tú qué piensas mi querido Wilson? ¿No soy una excelente psicoanalista? **(pausa)** ¡Que vas a decir… pues nada! Siempre te quedas observándome, escuchando mis divagaciones.

Pero aun así te adoro, porque eres el único que no me ha fallado. Siempre me escuchas con atención.

La escucha activa es un don que muy pocos tienen. Y tú… la tienes. ¡Ah! Y eres el único hombre que no me ha pisado mientras bailaba conmigo.

(Dorotea de repente, empieza a girar con la silla de ruedas sin cesar. Girando y riendo. A los pocos segundos se detiene. Se queda pensativa y segundos después…)

DOROTEA.- ¡Uy! ¡Wilson…! Hoy llega… mi nueva paciente. Y llegará… **(Mira el reloj)** ¡En cualquier momento! Bueno, cambio de chip. Acento argentino. Como buena psicóloga – psiquiatra, debo hablar con acento argentino. Si, lo sé Wilson. Soy de Puerto Rico pero… cuando hay clientes, entonces… soy argentina cien por cien. **(Se ríe)**

(Pausa. Dorotea se levanta, se queda pensativa durante unos segundos y…)

DOROTEA.- Bueno, voy a preparar todo.

(Pausa. Dorotea comienza a preparar su sala. Lo pone todo bien vistoso, bonito… y de repente… tocan con fuerza la puerta.

"¡Toc toc!"- Muy fuertes.

Dorotea reacciona pero se queda quieta, petrificada por los golpes. A los pocos segundos….)

DOROTEA.- ¡Adelante! ¡Pero no tire la puerta, por favor!

(Dorotea continúa haciendo sus cosas mientras que de repente, aparece Manuela Huerta)

Manuela Huerta entra a escena;

(Manuela una mujer de mediana edad. Muy bien vestida. Con gafas de sol, zapatos de tacón, un

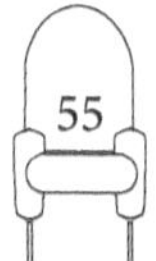

bolso grande. Se llama Manuela.

Manuela es una mujer desesperada por un matrimonio, que le está llevando por la calle de la amargura. Entra despacio, mirando a los alrededores… se quita las gafas de sol… y…)

MANUELA.- ¡Uy! Que sitio más raro, que desorden, que mal gusto para la decoración…y que feo.

(Pausa. En ese instante, Dorotea se aproxima a ella, que ha escuchado lo que había dicho. Se queda mirando a Manuela, que no se ha percatado de su presencia y…)

DOROTEA.- Buenos días. ¿Ocurre algo? ¿Le puedo ayudar… en algo? **(Acento Puerto Rico)**

MANUELA.- (Pausa. Mira a Dorotea y…) ¡Uy! ¡Hola! Vengo a… ¿Es usted Dorotea Trujillo?

DOROTEA.- Si. **(Acento P. Rico)**

MANUELA.- ¿La terapeuta? ¿La… Trujillo?

DOROTEA; Si, claro. Dorotea Trujillo. **(Acento P. Rico)**

MANUELA; Que raro. Cuando hablé por teléfono con la Trujillo, tenía acento argentino.

(Pausa. Dorotea se queda pensativa reacciona de inmediato. A partir de ahora, habla con acento argentino)

DOROTEA; ¡Pues claro, que soy Dorotea Trujillo! Argentina, de Buenos Aires y psicóloga. **(Acento argentino)**

MANUELA.- Ah, mira que bien. Yo soy Manuela Huerta.

(Pausa. Se estrechan las manos con estilo aristocrático.)

DOROTEA.- Lo sé. Yo seré tu psicoanalista exprés de United university off Argentina. ¡Ah! Y tengo un Master de prevención de conductas psicodelicas. Me lo saqué… en el instituto de "*Amigos de Buenos aires*". Me lo saqué… on line. On line con la vida.

MANUELA.- ¡Hay, que ver cuánto sabe usted!

DOROTEA.- Pues si. Soy argentina.

MANUELA.- ¿Me puedo sentar? **(señala al sofá)**

DOROTEA; ¡Pues claro! Mi sofá, es tu sofá.

(Pausa. Manuela se dirige al sofá, saca un pañuelo del bolso y empieza a limpiar el sofá con delicadeza y esmero ante la perpleja mirada de Dorotea. Segundos después…)

DOROTEA.- Es to sofá, pero no olvides que es mi sofá eh.

(Pausa. Manuela se sienta al final en el sofá, Dorotea se sienta en la silla giratoria sin quitarle ojo a Manuela. Manuela echa un vistazo a los diplomas y títulos que tiene Dorotea colgados en la pared y a los pocos segundos…)

MANUELA.- ¡Uy! ¡Cuántos títulos tiene usted! **(Pausa)** ¡Incluso… el de peluquería y manipulador de alimentos!

DOROTEA.- Si, bueno… soy una profesional… muy aplicada y extensa en títulos profesionales.

MANUELA.- Ya veo, ya. ¿Y qué hay que hacer para ser psicóloga?

DOROTEA.- Acudir a clase y a poder ser… luego aprobar el examen. ¡Ah! Y para ser psicoanalista, es muy importante… ser argentino o como mal menor… ser uruguayo.

MANUELA.- Ah. ¿Y eso? ¿Por qué?

DOROTEA.- Porque a la hora de explicar la yuxtaposición de los acontecimientos del inconsciente más consciente del pasado presente…. es importante, tener un buen lenguaje, autodidáctico de la praxis neurolingüística para llegar al fondo de la cuestión de la crisis existencial y así, poner remedio al caos occipital.

MANUELA.- Ah, ya. **(Pausa. Pensativa)** No he entendido nada. A mí siempre me gustó la psicología. Incluso, estuve a punto de estudiar parapsicología.

DOROTEA.- ¿Para qué?

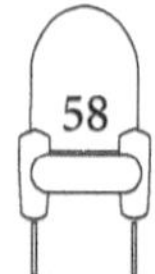

MANUELA.- Parapsicología.

DOROTEA.- Si, pero… en fin… bueno… da igual. Bueno, dígame, la razón de venir a mi consulta.

MANUELA.- **(Pausa. Suspira)** Pues mire… **(Pausa. De repente, se fija en el perchero y…)** ¡Uy! ¿Y ese perchero? Que feo ¿No?

DOROTEA.- Se llama Wilson. Y de feo no tiene nada. Jamás he discutido con él, me escucha, me entiende. Hoy en día, las personas, no tienen ese don. Bueno, dígame que le pasa**. (Acento de P. Rico**)

MANUELA.- ¡Uy! ¿Y ese acento? ¿Por qué ha cambiado de acento? ¿No es usted argentina?

(Pausa. Dorotea se queda pensativa pero enseguida reacciona. Vuelve a hablar con acento argentino.)

DOROTEA.- ¡Pues claro, que soy argentina! ¡De Buenos Aires, ni más ni menos! Bueno dígame, que le pasa. Dale.

MANUELA.- Pues que…. ¡Mi marido me engaña! **(Se pone a llorar desconsoladamente)** Y eso me crea una crisis emocional. ¡Y ansías de fumar! ¿Tiene un cigarro?

DOROTEA.- no, lo siento. No fumo.

MANUELA.- Pero… ahí hay un cigarro **(Señala al cigarro que hay en el suelo)**

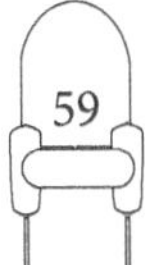

(Pausa. Dorotea Trujillo mira atónita al cigarro, luego mira a Manuela, que está boquiabierta y segundos después…)

DOROTEA.- Era… de un paciente que he tenido. Al cual, le he obligado, mediante una sesión de hipnosis conductual receptiva… ¡A romper su relación con el cigarro!

MANUELA.- Ah. Así que usted… hipnotiza a la gente.

DOROTEA.- Así es, querida. Tengo una licenciatura en *hipnotist profesional*. Con solo chasquear los dedos… **(Chasquea los dedos ante la perplejidad de Manuela)** hipnotizo a cualquiera.

MANUELA.- ¡Ay, yo quiero que me hipnotice!

DOROTEA.- No se… no sé si podré hipnotizarla. Usted es un caso especial.

MANUELA.- ¿Si? ¿Soy un caso especial? ¿Cómo de especial?

DOROTEA.- No se… no sé si podré hipnotizarla. Usted es un caso especial.

DOROTEA; (Pausa) ¡Muy especial! Un caso digno de estudio. Bueno…. empecemos con la terapia.

(Pausa. Dorotea se levanta de la silla, comienza a deambular pensativa. De repente, Manuela comienza a aplaudir emocionada y….)

DOROTEA.- ¡Ay, cariño! Estás en la consulta de una profesional. Recuerda que, yo aprendí en la *UNITED UNIVERSITY OF ARGENTINA* de Buenos Aires. **(Pausa)** Corazón, has dicho que, tu marido te engaña. ¿No?

MANUELA.- ¡Si! **(Rompe a llorar exageradamente)**

(Pausa. Dorotea, le da unas palmas en la espalda para calmarla. Dorotea, le mira atónita a Manuela. Segundos después…)

DOROTEA.- Ala, venga. Tranquila. Tome este pañuelo y suénese los mocos.

(Pausa. Dorotea le ofrece un pañuelo a Manuela. Manuela mira a Dorotea y al pañuelo perpleja. A los pocos segundos, acepta el pañuelo y se seca las lágrimas. Segundos después…)

MANUELA.- No tengo mocos.

DOROTEA.- Mejor para usted. Bueno… ¿Y en que… sentido le engaña su marido?

MANUELA.- (Pausa) Pues… en el sentido… de engañar.

DOROTEA.- Me refiero, le engaña en el sentido…;

"Cariño voy camino a casa, enseguida llego". Y resulta que el muy embustero está tomándose cervezas en una tasca. O… le engaña en el sentido…;

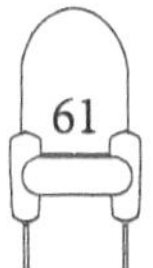

"Cariño, hoy llegaré tarde a casa, porque tengo mucho trabajo en la oficina". Pero resulta, que está en la tasca tomándose cervezas con una amiguita con derecho…. A coger.

(Pausa. Manuela le mira con incredulidad a Dorotea y segundos después…)

MANUELA.- A coger que. Que… tiene que coger.

DOROTEA.- (Pausa) A… coger con ella.

MANUELA.- A coger con ella… el que.

DOROTEA.- (Pausa) ¡Ay, por dios! A… follar. ¡A follar con ella! Con derecho a follar con ella. ¿Ahora lo entiende?

MANUELA.- (Grita) ¡Si! Ahora lo entiendo, si. Que cabrón. Eso es… con derecho a… llevársela a un hotel de mala muerte… al hostal doña Lupe y… follarsela una y otra vez. ¡Una y otra vez!

DOROTEA.- ¡Sin parar! ¡Una y otra vez!

MANUELA.- ¿Sin parar?

DOROTEA.- ¡Si! Una y otra vez. Una y otra vez.

MANUELA.- Que horror. Irán primero a la tasca a emborracharse y luego… al hostal Doña Lupe, a practicar el kamasutra entero. ¡Qué cabrón!

DOROTEA.- Mmm… el kamasutra…. Me encanta ese libro. **(Cierra los ojos, se imagina ese libro** Habrá copulación interruptus. Harán el misionero… el jinete pálido… el helicóptero….

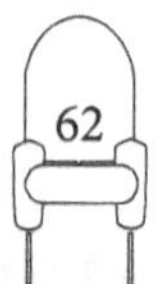

MANUELA.- ¿El helicóptero?

DOROTEA.- El 69….Mmm…. me encanta. Es mi número favorito.

MANUELA.- ¡Basta! ¡Cállese!

DOROTEA.- (Pausa. Suspira) Lo que tiene que hacer, es aceptar la situación con deportividad.

MANUELA.- ¿Aceptar los cuernos?

DOROTEA.- ¡Si!

MANUELA.- ¡No!

DOROTEA.- ¡Si!

MANUELA.- ¡No, no y no!

DOROTEA.- ¡Si, si y si! Al fin y al cabo… las relaciones son…un sorete, como un ramo de engaños. No vale la pena sufrir por un boludo, un pelotudo. Es difícil asumir los cuernos con deportividad pero… hay que aceptarla, no hay otra opción.

MANUELA.- Si, que la hay.

DOROTEA.- ¿Si? ¿Cuál querida?

(Pausa. Manuela se levanta del sofá, se pone mirando al horizonte con rostro serio y mirada perdida. A los pocos segundos, levanta sus brazos y manos, como si tuviese una pistola entre las manos y…. dice…)

MANUELA.- ¡Matarles a los dos!

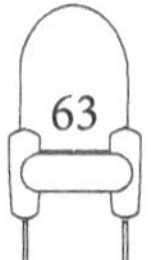

(Pausa. Dorotea se asusta y va donde Manuela, le tranquiliza y con suavidad le va bajando los brazos, mientras que le dice…)

DOROTEA.- Si. Esa es otra opción. Para mi gusto, demasiado drástico, y además con consecuencias de ámbito carcelario. No se lo recomiendo.

(Pausa. Manuela se tranquiliza y se vuelve a sentar en el sofá y Dorotea en su silla giratoria. Segundos después…)

MANUELA.- ¿Y qué me recomienda?

DOROTEA.- En su caso, que es muy grave. Le recomiendo… Citalopran… haloperidol… risperdal…Repsol… ¡No, Repsol no! ¡Prozac! ¡Si, eso es! El prozac es muy recomendable y muy efectivo para casos como el suyo.

(Pausa. Dorotea se lo escribe en un papel, como si fuera una receta. Y segundos después, se lo da)

DOROTEA.- Ande, tome. Vaya a una farmacia y cómpraselo de inmediato. Es caro pero efectivo.

(Pausa. Manuela, empieza a leer lo que le ha recetado Dorotea y segundos después…)

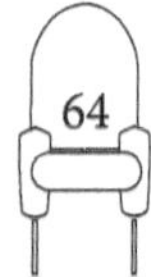

MANUELA.- ¿Esto qué es? ¿Qué son…? ¿Sicarios asesinos… amantes rusos?

DOROTEA.- No, por dios. Que imaginación tiene usted. Son fármacos para… relajar la mente…. asumir situaciones incomodas. Bueno, y sino… puede comprarse un lindo perchero.

MANUELA.- (Pausa) ¿Un perchero? ¿Y para que quiero yo, un perchero?

DOROTEA.- Para hablar con él, bailar…. reír. Mi Wilson… es adorable. ¡Pruébelo! ¡Pruebe mi Wilson! Se lo recomiendo. ¡Es… adorable!

(Pausa. Manuela se levanta y acto seguido….)

MANUELA.- ¡Usted está peor que yo! ¡Está muy mal!

DOROTEA.- Si, es posible. Pero… tenga claro, que su problema no es el fin del mundo. Las cosas no pasan por pasar. Hay que analizar la yuxtaposición de la sintaxis direccional del estado cognitivo conductual en relación con…

MANUELA.- ¡Cállese, por favor! ¡Que no la entiendo nada!

DOROTEA.- Si… lo sé. Ni yo mismo me entiendo. Pero si hubiera sufrido… lo que yo he sufrido**. (Pausa)** En el colegio se metían conmigo. Me hicieron bullyng**, mobbing, zapping, runing, footing… ¡De todo! **(Pausa)** Nunca fui una buena estudiante. ¡Y qué! ¿Y eso es motivo para reírse de mí? Siempre, me decían... **"DOROTEA SIEMPRE CATEA, DOROTEA, SIEMPRE CATEA".** ¡No siempre cateaba! **(Pausa)** Repetí muchas veces de curso. Repetí tantas veces de curso, que las compañeras de clase, me trataban de usted.

MANUELA.- ¡Ey! Yo también repetí también de curso. ¿Y qué? No es el fin del mundo. Desde que nacemos hasta que fallecemos... nos están evaluando. En el colegio, en el trabajo, en la familia, en la sociedad... ¡Basta ya!

DOROTEA.- **(Se Levanta y...)** ¡Si, basta ya! Basta ya de tanta represión social. **(Acento P. Rico)**

MANUELA.- **(Pausa)** Su acento... ¿Por qué ha cambiado de repente, de nuevo de acento?

DOROTEA.- **(Pausa)** Es que... cuando me emociono, cuando me vengo arriba... de repente, y no sé porqué, mi acento cambia. Y normalmente a un acento venezolano o portorriqueño.

MANUELA.- Pero usted es argentina. ¿No?

DOROTEA.- **(Pausa)** ¡Pues claro que soy argentina! Soy de Buenos Aires! ¿Quieres que bailemos un tango? Para que veas, lo argentina que soy. **(Acento argentino)**

MANUELA.- No, no hace falta. **(Pausa)** Mire, Los estudios son importantes, pero más importante es la educación y ser una buena persona. Por mucho titulo, licenciatura o diplomatura que tenga la persona... si no tiene un buen corazón, si no tiene un alma imparable.... No sirve para nada. Le damos demasiada importancia los estudios. A sacar buenas notas. Sin percatarnos en los valores de las personas. Tendemos a dramatizar si no tenemos lo que los demás tienen. Tenemos que aprender a valorar las cosas.

DOROTEA.- Eso es verdad. Dramatizamos mucho y… valoramos poco. **(Pausa)** Así que, no dramatice usted tampoco.

MANUELA.- ¡Oye! Que mi marido me ponga los cuernos, no es dramatizar eh.

DOROTEA.- ¿Pero realmente te pone los cuernos? ¿Lo has comprobado?

MANUELA.- (Pausa. Pensativa) Pues… no, pero… es que llega muy tarde a casa y…

DOROTEA.- Eso es señal, que le gusta salir de joda. No es algo bueno pero tampoco es una tragedia. ¿No?

MANUELA.- (Pausa) Pero creo que realmente me engaña porque, algo me dice que….

DOROTEA.- ¿Algo te dice? ¿Quién? ¡Es tu mente, Manuela! ¿Te das cuenta, que es tu mente, la que te está dando información confusa? Y todo para que te vuelvas más loca que yo.

MANUELA.- (Pausa) Si, pero es que, yo creo que…

DOROTEA.- ¡No sigas! ¡Stop, Manuela Lechuga!

MANUELA.- Huerta. Mi apellido es Huerta.

(Pausa. Dorotea, se va hacia el perchero. Se pone detrás del pechero, coge las mangas de la americana, empiezan a moverlas como si fueran brazos y manos. Y segundos después, comienza a hablar como si estuviese hablando el perchero. Le empieza a decir…)

DOROTEA.- ¡Señorita hortaliza! ¡Basta ya, de quejarse.

(Pausa. Manuela está anonadada. Se levanta del sofá y se aproxima al perchero. A los pocos segundos…)

DOROTEA.- una sospecha infundada por tu mente… solo sirve…para estar mal. Puede que te engañe o puede que no. En el caso de que sea cierto… le mandas a freír espárragos y empiezas una nueva etapa en tu vida. Valórate, corazón. Siempre tendemos a tener pareja por miedo a esa soledad, a ese que dirán… pero a la mierda todo ellos. Cómprate un buen perchero y disfruta de la vida. Y en algunos momentos… flirtea con la emoción, conoce un hombre o una mujer… disfruta del momento.

MANUELA.- ¡Sí! ¡Eso es! Me compraré un buen perchero… mucho más bonito que el tuyo. ¡Y yo, no dependo de nadie para ser feliz!

DOROTEA.- ¡Eso es! No dependes de nadie… porque eres una mujer…¡Imparable!

MANUELA.- ¡Si! ¡Soy imparable!

DOROTEA.- Imagínate, que eres una locomotora. Una locomotora que va a cien por hora. ¡Vas a por todas! Porque eres… una imparable!

MANUELA.- ¡Si, soy una locomotora imparable!

DOROTEA.- Repite conmigo; ¡Soy un alma imparable!

MANUELA.- ¡Soy un alma imparable!

DOROTEA.- Más fuerte y más convencida. ¡Soy un alma imparable! ¡Repite!

MANUELA.- Soy un alma… ¡Imparable! ¡Soy un alma imparable! ¡Soy un alma imparable!

DOROTEA.- ¡Si, eso es! ¡Bravo!

(Pausa. Dorotea deja el perchero y va hacia Manuela. Le aplaude a rabiar. Y Manuela también aplaude emocionada. A los pocos segundos…)

DOROTEA.- ¡Bravo! ¡Bravo Manuela! ¡Lo has conseguido! ¡Lo has superado! Has superado tus miedos y tu ansiedad. ¡Has ganado a tu mente!

MANUELA.- ¡Si, lo he conseguido! ¡Y tu también! Has conseguido vencer a tus fantasmas del pasado.

DOROTEA.- ¡Si, es verdad! ¡Y gracias a ti! ¡Ya estamos curadas de nuestros pensamientos negativos! ¡Celebremos que hemos puesto fin a nuestras crisis! Grita conmigo… ¡Aleluya! ¡Aleluya!

MANUELA.- ¡Aleluya! ¡Aleluya! ¡Aleluya!

(Pausa. Se abrazan efusivamente. A los pocos segundos, Dorotea se separa un poco de ella y…)

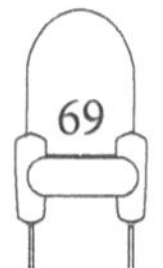

DOROTEA.- Bueno, ahora que ya estás curada… te toca pagarme. Son 100 euros. Bueno… 120 con el IVA.

MANUELA.- ¿120 euros? ¿No es… mucho?

DOROTEA.- Amiga hortaliza, la felicidad no tiene precio. Y contenta, que no te hecho la hipnosis conductual receptiva. Qué sino… te sube a doscientos lucas.

MANUELA.- Madre mía, la felicidad no tendrá precio pero… venir a tu consulta si eh.

DOROTEA.- Es el precio de un buen trabajo. Tú piensa que ahora ya estás curada.

MANUELA.- si. Y con 120 euros menos.

DOROTEA.- No seas negativa, Manuela lechuga.

MANUELA.- ¡Huerta! Mi apellido es huerta.

DOROTEA.- Huerta, lechuga… o escarola. Qué más da. Lo importante es que ahora, eres… una mujer empoderada… ¡Imparable! ¡Eres un alma imparable!

MANUELA.- ¡Si!

DOROTEA.- Así que… ahora sal al mundo….¡Y cómetelo! ¡Eres un alma imparable!

MANUELA.- ¡Si! Y me voy a comprar un perchero más bonito que el tuyo. ¡Apartaros, que va una locomotora imparable!

DOROTEA.- ¡Si! ¡A por todas Manuela!

(Pausa. Manuela se va corriendo, gritando, irradiando felicidad. Motivada y con ganas de

comerse el mundo. Manuela sale de escena ante la atenta mirada de Dorotea. Nada más salir de escena…)

DOROTEA.- Ahí va, un alma imparable. **(Pausa)** ¿Te has dado cuenta Wilson? Nuestra clienta… se ha ido sin pagar. Pero tranquilo, que volverá. Porque un clienta satisfecha… siempre vuelve. Y me debe… un baile. El baile de la vida. Porque la vida… la vida, mi querido Wilson… es un vals sin final, llena de magia.

(En ese momento, Dorotea comienza a deambular, como su estuviese bailando y seduciendo al perchero. Al mismo tiempo que, poco a poco, los focos se van apagando paulatinamente)

FIN DE LA OBRA

ANÁLISIS DE LA OBRA 2

¿Te ha gustado la obra? Estoy seguro que si. Menuda historia más loca eh. Que tres. Wilson (el perchero), Dorotea y Manuela. Un trío explosivo.

Puede resultar una historia muy sencilla, muy loca. De dos personas que llevan una vida cargada por la dictadura que hay en sus mentes.

Las vidas de Dorotea y de Manuela, son muy parecidas a la vida que lleva mucha gente. Personas que están presas de sus miedos, de sus inseguridades. En manos de su mente.

Cuando la cabeza, le da por centrifugar…. ¡Uff! Es más peligroso que un mono con dos pistolas. Porque, te puede volver, literalmente… loco/a.

En esta obra, también se habla de la soledad. La soledad…. Que parece un estigma, una enfermedad. Un fracaso.

La soledad bien llevada es sinónimo de crecimiento y desarrollo personal. La soledad mal llevada… es sinónimo de depresión, tristeza, negatividad… etc.

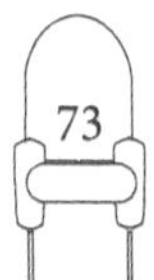

La sociedad ha acostumbrado al ser humano a estar en compañía siempre. A tener pareja, a tener muchos/as amigos/as… a tener relaciones sociales amplias, muy grandes… y de mucho "éxito". Y eso, al final, se convierte en una losa difícil de soportar, llevar y ver.

Tenemos que amarnos, tenemos que querernos, tenemos que valorarnos. Solo así… podremos querer, amar y valorar a los demás y a todo lo que nos rodea.

Si no tienes amor en tu interior, es imposible que luego pretendas dar. El que no tiene, no puede dar. Y si pretende dar lo que no tiene… estará dando lo peor de si mismo.

El universo es sabio. Por eso mismo, es el que nos gobierna y nos dirige. Sabe a la perfección lo que necesitamos.

Muchas veces, nos emparejamos con personas que no debemos. Nos hacemos "amigos" de personas que no debemos. Vamos a grupos sociales por necesidad imperiosa, haciendo caso omiso a nuestra alma.

El hecho de conocerse, les dio la oportunidad, de conocerse, "curarse" y de creer. De tener fe en ellas y en la vida. Y esto no es casualidad.

Ya sabes que en la vida no existen las causalidades. La vida se alimenta de causalidades. Y quien lo alimenta es el universo.

¿Y quién es Wilson?

Wilson somos nosotros. Eres tú, Y todos/as tenemos, llevamos un Wilson en nuestro interior, en nuestra alma.

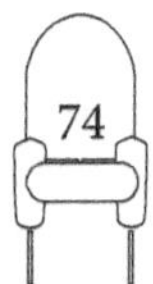

Wilson nos guía, nos susurra… pero hay que querer escucharle. Wilson no es un perchero. Wilson es nuestra intuición, es nuestro amor, es nuestro empoderamiento.

Estoy seguro que todos/as os habéis sentido identificados en cierto modo con Dorotea y Manuela.

La siguiente micro historia de la vida, la contaré más adelante. En el siguiente capítulo, te hablaré de las causalidades.

LAS CAUSALIDADES

La vida está llena de causalidades. Las casualidades solo existen en nuestra mente. El destino existe, naturalmente. Pero… el destino es modificable. Nosotros… **TU**… puedes modificar tu destino.

Tú puedes hacer que tu presente y futuro sean realmente increíbles, brillantes, llenos de abundancia.

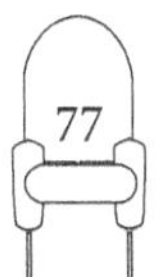

¿Cómo? No hay una barita mágica. Pero si una fórmula infalible. **FE, TRABAJO y AMOR**. Son los tres ingredientes para cambiar tu destino a mejor. Pero… ¿Qué es una causalidad de la vida?

Nada ocurre por azar. Todo ocurre por algún motivo. Las causalidades son pura sincronicidad. Como diría **Carl Jung**, nada sucede por casualidad.

El universo nos tiene preparado un sinfín de causalidades. Algunos lo prefieren llamar destino. Destino no es la palabra puesto que, el destino juega mucho con el azar.

Todo sucede por algo. Depende a donde vayas, a qué lugar vayas, por donde vayas…. Etc. Conocerás ciertas personas, ciertos lugares que te abrirán puertas.

Puertas de bendición en el campo del amor, del dinero e incluso de la salud. De la misma manera, que otros te cerraran vías.

Y Hay personas y lugares que abren caminos, abren puertas…. cierran caminos y puertas. Tenemos que tener buen ojo, un gran instinto para saber quién nos aporta, quien nos abre caminos y puertas de bendición.

Cada paso que das, cada puerta que abres, cada persona que conoces… está dentro del proceso del aprendizaje de la vida. Todos ellos, forman parte de tu vida.

Cada persona que pasa por nuestra vida, es única. Siempre deja un poco de si y se lleva un poco de nosotros.

Habrá los que se llevaran mucho, pero no habrá de los que no nos dejaran nada. Esta es la prueba evidente que dos almas no se encuentran por casualidad.

¿Y sabes que? Que las pequeñas causalidades te cambian la vida para siempre. Al fin y al cabo, existe una ley universal, que es la ley de la causalidad.

Pero… ¿Qué es, exactamente, la ley de la causalidad?

La ley de la causalidad, es la ley de la causa y efecto. Algunos lo llaman Karma. Yo, prefiero llamarlo, ley universal. Toda causa provoca un efecto. Y todo efecto es provocado por una causa.

Lo curioso, es que no existe una causa para un efecto si no que es una cadena de causas que se van acumulando y se han ido acumulando generación en generación desde siempre.

Pero como te he dicho al principio, en las causalidades también influye la fe, las ganas, la motivavión, en instinto… y el trabajo. Trabajar duro en lo que uno quiere, desea y cree para que las causalidad aparezca.

Al fin y al cabo…la vida… ¿No es pura mágia? Y la mágia es causalidad. Y todo, absolutamente todo… está sometido por la vigilancia del universo.

La ley de la atracción.

Somos lo que atraemos. Somos lo que pensamos, decimos y hacemos. Somos… pura causalidad.

Y por último y lo más importante…; el miedo. El miedo juega un factor muy importante. Y como puedes

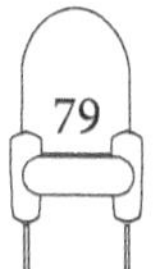

suponer, si tienes al miedo como compañero de viaje… pues entonces, esas puertas, esos caminos de bendición no se abrirán. Las causalidades dejaran de existir.

Así pues, deja tu mochila de la incertidumbre a un lado, entierra tus miedos bien a fondo y dejate sumegirte en las causalidades. Deja que todo fluya. Deja que el universo haga su trabajo. Confía en ti mismo/a.

Trabaja la ley de la atracción y es entonces cuando las causalidades aparecerán en tu vida. En el siguiente capitulo, te hablaré de un tema peliagudo, incomodo pero desde una prisma optimista. Te hablaré de algo malo pero… enfocandolo desde lo positivo.

CRISIS

Este capítulo trata de la crisis, pero no te voy a decir lo mal que está el mundo Sino... te voy a decir, como sacar ventaja y provecho de la crisis.

¿Qué es una crisis? Un estado de alarma, de emergencia absoluta, que la respuesta es el pánico, la ansiedad, la angustia... el miedo.

El mundo (la sociedad) está en crisis desde los tiempos.... Desde siempre. Desde que el mundo es mundo... estamos (están) en crisis.

Crisis emocional, crisis existencial, crisis cultural, crisis economica (laboral y financiero), crisis educacional... crisis en definitiva.

Entre una sociedad fatalista, medios de comunicación apocalipticos y catastroficos.... Unos gobiernos incapaces de fomentar bendiciones... entre todos, han creado sus crisis.

PERO TU NO TIENES QUE ENTRAR EN SUS CRISIS.

Voy a volver a un capítulo anterior. La cultura del miedo. ¿Te acuerdas de ese capitulo? Te hablaba

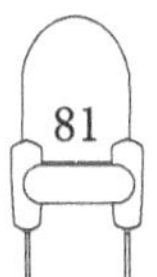

del coronavirus. Que está haciendo estragos en la sociedad, en el mundo, pero al igual que cualquier enfermedad o epidemia

Dicen los futurologos alarmistas que después de la pandemia del coronavirus, llegará una crisis economico financiero. Una recesión muy fuerte. Una crisis global que dejará secuela en todo el mundo.

No voy a entrar a debate si será así o no, ni tan siquiera voy hablar de los posibles responsables de la crisis.

Por mucha crsis que haya, por muy mal que esté el mundo… tu no puedes dejar de ir por el camino que te conduce a tu proposito de vida.

Tu sueño, tu objetivo, tu meta… tu propósito de vida está por encima de cualquier crisis. Tus sueños no entienden de crisis.

Podrás tener dificultades o épocas mejores, peores… pero en ningun caso debes abandonar el camino que te lleva hasta tu sueño. Tu propósito de vida.

NO DEJES INFLUENCIARTE POR LOS MEDIOS DE COMUNICACIÓN. NO TE DEJES LLEVAR POR EL MIEDO, EL PÁNICO Y LA HISTERIA COLECTIVA QUE PROVOCA "LAS GRANDES CRISIS".

Con el coronavirus, ha venido el gran desastre. El desastre creado por los medios de comunicación y los gobiernos.

¿Con que propósito? Poner fin al empoderamiento social global. No te quieren seguro y feliz,

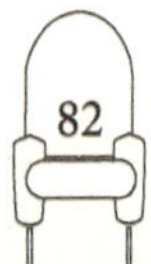

convencido y audaz. Te quieren lleno de miedo, pánico y encerrado en la oscuridad de tu mente.

Evidentemente, que el coronavirus hay que tomarselo en serio. Pero al igual que cualquier otra enfermedad o patología. Porque creeme, la tuberculosis, el VIH, el cancer, la meningitis o la hidrocefalia (entre otros) son mucho peores.

Una crisis no puede someterte. Una crisis no te puede vencer. Una crisis es pasajera, tiene fecha de caducidad. Pero tus sueños, tus metas…¡NO!

Tu felicidad, tu estabilidad emocional, tu seguridad interior, tu creatividad, tu capacidad… no entienden de crisis. Hazte un favor, a ti mismo/a. ¡Sacale partido a la crisis!

Einstein, Marie Curie, Edison, los hermanos Marconi, los hermanos Grimm, Leonardo Da Vinci… todo ellos, consiguieron sus exitos desde la crisis y en época de crisis. Con las crisis, se ven a los/as verdaderos/as genios.

De la crisis surge una necesidad y de la necesidad sale la creatividad.

De la necesidad, sale la ocasión para dar a la sociedad lo que necesita. Ten una cosa muy clara. Todos tenemos un proposito en la vida. Todos tenemos un cometido.

Tenemos abundancia en todo y estamos obligados a dar esa abundancia para que nosotros también recibamos lo que nos corresponde.

Aprovecha la crisis para llegar hasta tu sueño y poder ayudar a los que necesiten lo que tu tienes.

Una crisis es una ocasión maravillosa para dar a la sociedad lo que necesita.

Tu sueño, tu propósito de vida es tener abundancia en todo. Y con tu herramienta de abundancia poder ayudar a los demás. No te dejes encerrar en el cuarto oscuro por la crisis.

En el siguiente capitulo, seguiré hablando de la crisis pero en otros ambitos. Pasa la siguiente pagina…

¡Que te espero!

CRISIS CULTURAL

Cuando empecé a escribir la trilogía y en concreto, el tercer libro de la trilogía " **MICRO HISTORIAS DE LA VIDA**", en ningún momento pensé ni creí que tendría que hablar de la crisis ni del coronavirus.

Pero… ya ves. La actualiudad manda. Me he visto obligado a escribir de estos temas.

No entraban en mis planes, ya que el tercer libro era un libro casi exclusivo de historias teatrales. Pero… he tenido que hacer un pequeño cambio.

Aun así, has podido comprobar que en ningún momento te he hablado del coronavirus y de la crisis como algo tremendista, mega negativos y fatalista.

Todo pasa por algo. Recuerda… causalidades. Bueno, voy al meollo del tema del capitulo.

Como bien sabes, yo provengo del mundo del espectáculo. Del teatro en concreto.

El teatro desde los tiempos de los tiempos, siempre ha estado en crisis. Bueno…¡No! No es verdad.

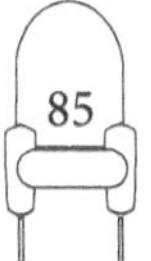

En la antigua Greacia y Roma, el teatro era una bendición de los dioses y jamás estaba en crisis. Además, era asequible para todo el mundo. La clase alta, media y baja, se sentaban juntos para presenciar el espectaculo de la obra teatral.

Luego, entre los años 1.700 y 1.900, el teatro estaba en un pico muy alto de valoración. El teatro, era considerado como parte fundamental del nucleo cultural.

Es verdad, que en aquella época, el público era muy exigente e incluso muy hostíl, si consideraban que la obra carecía de nivel.

No obstante, los teatros siempre se llenaba y casi siempre había más aplausos que abucheos.

En el mundo del teatro, hay una frase muy común, que es la de "Mucha mierda!", se suele decir entre los artistas.

¿Sabes porque?

Porque antiguamente, entre los años 1.800 y 1.920, como antes he mencionado, el teatro tenía una gran acogida, los teatros se llenaban. En esa época, la gente solía en caballo o en carro con caballo. Y naturalmente, tenían que dejarlo en algún sitio (aparcarlo jejeje).

Y claro, el caballo no iba a estar todo el tiempo esperando sin hacer sus necesidades. Con lo cual, terminaba haciendo sus cosas. Me explico. ¿No?

Así pues, cuanta más... escremento de caballo había, eso quería decir, que había ido mucha gente a ver la obra o el espectaculo. De ahí pues, viene esa celebre frase. "Mucha mierda".

Es una manera de desear suerte, que vaya todo bien y que vaya mucho gente a ver la obra.

Bueno, una vez explicado este dato, voy a continuar con la explicación de la crisis en el mundo teatral. Como he dicho, crisis siempre está merodeando el mundo cultural y sobre todo, el mundo teatral.

Pero aun así, a pesar de la crisis. Crisis cultural e institucional… ahí sigue. ¡Ahí seguimos! ¡Al pie del cañón! Creando y representando obras teatrales, allá donde nos requieran nuestros servicios profesionales.

¡Y no pararemos! Por mucha crisis que haya…. Ahí seguiremos, luchando, creando, representando… ¡Y disfrutando!

Porque la vida no es para sobrevivir, es para vivir. La cultura no es para mendigar, es para enseñar y hacer reflexionar.

A mi, siempre me dicen; " ¿Aun sigues con el teatro? ¿Eso, ya da de comer?". Y yo, les respondo…;

A mi, el teatro, el escribir, el crear, el representar… me hace feliz. Me da mucha vida. Y por mucha crisis que nos quieran imponer entre unos y otros… yo voy a seguir… viviendo. Y viviré con respeto pero bajo mis normas de vida. Sin caer en el precipicio del pesimismo y del miedo.

Y una cosa, tengo claro. Aunque, el mundo estuviera en ruinas… el teatro, la danza, la pintura y la musica continuarían existiendo. Porque son una necesidad vital para el crecimiento y desarrollo personal del ser humano. Al igual que la lectura.

Bueno, dicho esto, me pasaré al siguiente capitulo.

¿Cuál es? Pues una nueva micro historia. Te espero en el siguiente capitulo.

EL ANDÉN
(FICHA TÉCNICA)

PERSONAJES;

Aitor

Profesor Mancuso

Pícaro

SINOPSIS;

"EL ANDÉN" es una historia de encuentros, de causalidades, de sueños, esperanzas y trenes que van hacia el sueño y el "PROPÓSITO DE VIDA".

Coge el billete para este viaje.

EL ANDÉN

(Los focos iluminan el escenario. El fondo del escenario está decorado como si fuera una estación de tren. Hay una enorme imagen de una vieja estación de tren.

Sobre el escenario hay dos bancos. Pero están separados. Tienen una separación de metro y medio de distancia.

El suelo está dibujado. Tiene el dibujo de unas vías de ferrocarril. Sobre el escenario hay niebla (humo). El ambiente es gélido, nostalgico, otoñal.

En un banco hay una persona mayor, de unos sesenta años. Va bien vestido, elegante, pero con ropa algo anticuada, y con un viejo sombrero.

La persona se llama Mancuso. Es un viejo profesor de literatura e historia. Mancuso se apoya en su bastón. Escucha de fondo el canto silencioso de los pajaros. De vez en cuando, Mancuso, exclama con un suspiro.

Y cerca de Mancuso, hay una persona de unos cuarenta años. Muy bien vestido, muy elegante. Americana, chaleco, corbata… todo un dandy.

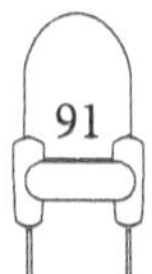

No lleva nada pero está esperando ansiosamente al tren. Su peculiar bigote y peinado, hacen de él, un hombre diferente.

Se ve que tiene seguridad y confianza en el mismo. Denota ansiedad por coger el tren pero respira ilusión y seguridad. Camina de una lado a otro… sin parar. Hasta que…)

MANCUSO; Amigo, me estás mareando tanto caminar de un lado a otro. Tranquilizate, por favor.

(El hombre, se detiene, le mira y….)

PÍCARO; Disculpe, si le pongo nervioso. Es que… ¡Estoy nervioso! ¡Ansioso!

MANCUSO; Ya veo, ya. No hace falta que lo jure. **(Sonríe. Pausa)** ¿Esperando al tren?

PÍCARO; (Pausa) Si claro. ¿Usted?

MANCUSO; ¿Yo? **(Pausa)** Yo, esperando a la vida pasar.

PÍCARO; ¿Cómo dice?

MANCUSO; Miro, observo, contemplo.

PÍCARO; Ah. Ya. Interesante.

(El hombre sonríe y le mira extrañado, como si no hubiera entendido lo que había dicho. Segundos después, vuelve a mirar a la lejanía por si llega su tren. A los pocos segundos aparece otro hombre a escena.)

Aitor entra a escena;

(Es un joven de veinti ocho años. Lleva una camisa arrugada, una vieja americana. Va muy despeinado y en la mano, lleva una pesada maleta. La lleva casi arrastras.

Nada más entrar a escena, mira a Mancuso y al otro hombre. Mancuso, le sonríe y le saluda timidamente. Mientras que el otro hombre le mira de reojo y le sonríe pero de inmediato vuelve a mirar a la lejanía.

El joven no sabe que hacer. Mira a los alrededores y segundos después decide sentarse en el banco que no hay nadie. Va poco a poco y casi arrastrando la maleta hasta el banco.

El joven llega al banco, suspira y se deja caer al banco. Nada más sentarse, se apoya queriendo descansar y meditar. A los pocos segundos, el hombre que está ansioso esperando al tren, se acerca al joven y…)

PÍCARO; ¡Hola! ¿Qué tal amigo?

AITOR; (Pausa. Sosprendido) Hola.

PÍCARO; ¿Esperando al tren o… a la vida pasar? **(Se ríe)**

AITOR; (Pausa) ¿Cómo?

PÍCARO; ¡Joder, menudo maletón tío! ¿A dónde vas?

AITOR; (Pausa) Pues…

PÍCARO; ¿ De vacaciones? ¿Asuntos de trabajo? ¿A visitar a tu amor? ¿O… amante? O simplmente… huyes de algo.

MANCUSO; Haces demasiadas preguntas.

PÍCARO; Y el no responde a ninguna. Asi que… ya ves.

MANCUSO; Pero si no le has dado opción a que responda.

PÍCARO; Me llamo Pícard. Soy medio frances. Pero soy de Andorra.

AITOR; Yo me llamo Aitor. Soy de aquí, de San Sebastían.

MANCUSO; Supongo que Picard, sera tu apellido. ¿No?

PÍCARO; (Pausa) Si. Pero nadie me llama por mi nombre. Todos por mi apellido. Aunque… me puedes llamar pícaro. Me llaman pícaro porque soy… pícaro y…porque siempre llevo conmigo…

(Pausa. De repente, Pícaro, saca una carta de su bolsillo. Les enseña a los dos la carta. Sonríe. Segundos después…)

PÍCARO; Esta carta siempre me acompaña a todas las partes. Soy tan pícaro como el as de picas.

MANCUSO; ¿Y a donde te vas, as de picas?

PÍCARO; Voy a Sítges. A empezar una nueva vida. **(Pausa)** Sítges, está en Barcelona.

AITOR; ¿Y no llevas nada? ¿Ni maleta ni… una mochila?

PÍCARO; No. Todo lo que necesito, lo tengo aquí. **(Se toca el pecho)** En el corazón y en el alma.

AITOR; Pero…. ¿No llevas ropa? Cosas básicos del día a día. Una mochila con unos mínimos.

PÍCARO; Para que. Allá donde voy, tendré todo lo que quiero y necesito. Allí mismo conseguiré las cosas necesarias e imprescindibles. **(Pausa)** Además… ya llevo… lo necesario para obtener lo imprescindible.

(En ese momento, Pícaro, saca un fajo de billetes y la carta del as de picas. Sonríe y segundos después…)

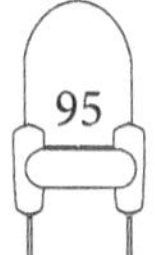

AITOR; ¿Con eso… ya es suficiente?

PÍCARO; ¡Pues claro! En Sítges, me espera mi amada… y ahí tendré todo lo que necesito.

AITOR; Pero…¿Y si resulta… que no tienes lo que…?

PÍCARO; ¡Lo tendré! ¿Ha quedado claro?

AITOR; Vale. Tranquilo, no te enfades.

PÍCARO; ¿Qué te pasa colega? Eres muy negativo. En tu rostro puedo ver el miedo y tus dudas. **(Pausa)** ¿A dónde vas? ¿Qué tren vas a coger?

AITOR; (Pausa) No lo se.

PÍCARO; ¿No lo sabes?

MANCUSO; ¿Y que haces aquí?

AITOR; (Pausa) Esperar.

MANCUSO; Esperar… a que.

AITOR; (Suspira) No lo sé.

PÍCARO; (Pausa) Que raro eres. **(Pausa)** Mira amigo, yo sé que allá donde voy no me va a faltar de nada. ¿Sabes porque?

AITOR; ¿Por qué te lo va a proporcionar tu amada?

PÍCARO; Así es. Y si no es ella, pues… ya lo conseguiré de otra manera. Yo tengo una manera de pensar y de vivir. Si no puedes conseguir las cosas, por ti mismo, entonces… creas una opción para conseguirlo.

AITOR; (Pausa) ¿Cómo?

PÍCARO; Si no tienes la forma de conseguirlo por ti mismo, entonces creas la opción para conseguirlo de otra manera. Todo es posible en esta vida. Lo imposible solo está en tu mente.

MANCUSO; Hay que vivir el presente y aprovechar las oportunidades que te brinda el universo. No preocuparse por el futuro, es la clave para tener una vida feliz.

PÍCARO; El viejo tiene razón.

MANCUSO; Disculpe… ¿El viejo?

PÍCARO; Perdón. El caballero tiene razón. Lo cierto, es que la vida… son dos días. ¡No! Es día y medio. Y nos pasamos un día entero discutiendo, lamentandonos, quejándonos… etc. El ser humano, le cuesta horrores vivir y disfrutar. Siempre tiene que encontrar un pretexto para…

(En ese instante, se escucha por megafonía…)

"¡Atención! El tren procedente de Madrid, con dirección a Barcelona, llegará en dos minutos."

PÍCARO; ¡Es mi tren! ¡Por fin!

AITOR; Pero… ¿Para en Sítges?

PÍCARO; ¡Pues claro! Para en muchos pueblos cercanos de Barcelona. Bueno… amigos… me despido. Pronto mi tren llegará, y me llevará… a mi nueva vida.

MANCUSO; Que tengas mucha suerte en tu nueva vida.

PÍCARO; Muchas gracias caballero. Lo mismo le deseo. Y a ti también Aitor, vayas donde vayas.

(En ese instante, se escucha el sonido del tren llegando a las vías de la estación)

PÍCARO; ¡Aquí llega!

(Pausa. Todos están expectantes, esperando a que llegue el tren. Miran hacia el horizonte. Sus miradas son ausentes. Ausentes pero llenas de expectación e ilusión en el caso de Pícaro. A los pocos segundos…)

PÍCARO; ¡Ya llegó! ¡Por fin! **(Pausa larga)** Amigos… ¡Me voy! ¡Me voy a mi nuevo destino! Un destino que lo he elegido yo.

(Pícaro, camina poco a poco por el escenario, hacia un lado mirado al horizonte. Su mirada está clavada en el tren.

De repente, se detiene, hace el gesto de estar subiendo unos escalones, segundos después se da la media vuelta, les mira y…)

PÍCARO; ¡Au revoir! ¡Me voy! Sé que seré dichoso porque… tengo… **(Saca la carta del as de picas)** y el universo conspira a mi favor.

MANCUSO; ¡Bon voyage, petit Picard! ¡Disfruta de cada día, como si no hubiese un mañana!

PÍCARO; ¡Eso haré! Aitor… ¡Espabila! La vida es de los valientes, de los que no les importa caer, porque saben que se levantaran. Para ganar hay que perder. Para tener éxito hay que fracasar. Para nacer… hay que morir.

AITOR; ¿Por qué me dices eso?

PÍCARO; ¡Espabila! ¡Coge tu tren, que se te va! Y el universo no espera.

(Pausa larga. En ese instante, el tren vuevle a pitar fuerte y empieza a poner la maquinaria en marcha. En consecuencia, el tren empieza a moverse. Pícaro se empieza a moverse, y poco a poco se va yendo. Va saliendo de escena. Pícaro sale de escena. A los pocos segundos de salir de escena…)

MANCUSO; Otro que ya ha encontrado su tren. **(Pausa)** ¿Y tu muchacho? ¿Dónde está tu tren? ¿No lo ves… o no lo quieres ver?

AITOR; (Pausa) No lo sé. **(Pausa)** Solo sé… que no lo sé.

(Tanto Aitor como el profesor Mancuso, se quedan boquiabiertos como se va el tren. Segundos después…)

MANCUSO; Otro que se va a por su sueño. La vida son sueños y propósitos de vida.

(Pausa larga. Ambos están mirando al horizonte con mirada perdida. Ambos suspirando. Mancuso suspirando nostalgia y Aitor suspirando su falta de decisión.

A los pocos segundos, Mancuso se levanta y se dirige hacia al banco, en donde se encuentra Aitor. Aitor oi se percata de su repentina presencia.

Mancuso, apoyado en su bastón, le mira sonríe y segundos despues....)

MANCUSO; Disculpe… ¿Me puedo sentar?

(Pausa. Le pilla de sorpresa a Aitor, se asusta un poco. Le mira fijamente, luego el otro banco y segundos después…)

AITOR; Si claro.

(Pausa larga. Mancuso se sienta cuidadosamente. Aitor continua mirando al horizonte, aunque de vez en cuando le mira de reojo. De repente, Aitor se gira y...)

AITOR; Teniendo el otro banco vacío… ¿Por qué se ha querido sentar aquí?

MANCUSO; Porque me gusta este banco.

AITOR; Pero si es igual que el otro. Son dos bancos identicos.

MANCUSO; Si, es verdad. Son iguales. **(Pausa)** Te llamas… Aitor. ¿No es así?

AITOR; (Pausa) Si.

MANCUSO; Yo me llamo…. Mancuso. Profesor Mancuso.

(Pausa. Mancuso le ofrece la mano para estrechársela. Aitor se lo piensas unos segundos pero enseguida acepta y le estrecha la mano aunque con poca motivación.

Aitor le mira con cierta desconfianza. Está claro, que la presencia de Mancuso, no le agrada. Preferiría estar solo. A los pocos segundos…)

MANCUSO; ¿A donde te diriges Aitor? Porque supongo que iras a alguna parte . ¿No? ¿A que tren esperas?

AITOR; (Pausa) ¿Y usted? ¿A que tren espera?

MANCUSO; Yo, a ninguno.

AITOR; ¿No va a ninguna parte?

MANCUSO; No. Bueno… si. Yo voy a donde me lleven mis piernas.

(Pausa. Aitor mira sus piernas atónito. Segundos después…)

AITOR; Usted…¿A que ha venido a la estación del tren? ¿A sentarse y observar?

MANCUSO; Si. Todos los días vengo, me siento y… observo la vida pasar. A eso he venido, a ver la vida pasar. ¿Ya sabías que el tren es vida?

AITOR; (Pausa) ¿Qué? El tren… ¿Vida?

MANCUSO; La vida está llena de railes, vias, que van… a muchos sitios. Y nosotros, estamos sentados en el andén esperando o… más bien, pensando en que dirección ir. Los trenes van para cualquier dirección. Cualquier vía les viene bien, pero nosotros tenemos que saber que vía y en que dirección debemos tomar.

AITOR; Si usted lo dice, así será.

(Pausa. Mancuso se queda mirando la maleta de Aitor y segundos después…)

MANCUSO; ¿Qué llevas en la maleta?

AITOR; Muchas cosas.

MANCUSO; Mmm…. Intuyo que tu huyes de algo… o de alguien. ¿Me equivoco?

AITOR; (Pausa) ¿Siempre acostumbra a interrogar a los desconocidos?

MANCUSO; No. Solo a las personas que me resultan interesantes. Con lo cual, se puede sentir usted halagado.

AITOR; Ah. Muchas gracias por el cumplido. Pero que sepa usted, que a mi me gusta estar tranquilo.

MANCUSO; ¿Acaso, no lo está? Yo le noto muy tranquilo. Es usted muy reservado. ¿Verdad? Me da la sensación….que usted no sabe que hacer con su vida.

AITOR; Y a mi, me da la sensación, de que usted se aburre mucho con la vida que lleva y por eso, se dedica a interrogar a las personas en las estaciones de trenes.

(En ese instante, Mancuso se empieza a reír, a carcajadas. Cuando se tranquiliza un poco, le mira a Aitor y acto seguido…)

MANCUSO; Eres un manojo de nervios. Estás más nervioso que… un cirujano novato, recién licenciado, con un bisturí en la mano.

AITOR; Porque me dice eso.

MANCUSO; Porque es verdad. Llevas una maleta cargadas de pesados pensamientos, emociones y experiencias nada gratificantes. ¿Me equivoco?

AITOR; (Pausa) Pues… bueno…

MANCUSO; La mochila que llevas en la cabeza, en la mente, te pesa, como si llevaras una mochila cargada piedras y ladrillos.

(Pausa. Aitor suspira, pone mala cara y se pone a mirar a otro lado. Mancuso sonríe y…)

MANCUSO; Eso es, mire a otro lado y evite la respuesta. Una acción cobarde, digan de las personas que no saben vivir con el miedo.

AITOR; (Pausa. Le mira) ¡Que quiere de mi! Quiere conversación, porque nadie en su sano juicio, quiere hablar con usted. ¿No es así? Mire amigo…

MANCUSO; Le quiero ayudar.

AITOR; (Pausa) ¿Qué? ¿Qué me quiere… ayudar? ¿En que?

MANCUSO; En aclarar sus dudas y miedos.

AITOR; ¿Dudas y miedos? Yo no tengo dudas y miedos.

MANCUSO; si, lo tienes. Eres un muchacho dubitativo, tímido, inseguro, con la mente llena de resistencias. **(Pausa)** Soy profesor y pedagogo. En su día fui…

AITOR; Espere un momento. ¿Me va a contar su vida?

MANCUSO; ¡Si! ¿Acaso tienes prisa? ¿Te vas a algún lado? Estás aquí… ¡Sin saber que hacer con tu vida! ¿No es así? Amigo, soy muy observador. Soy un observador nato de la especie humana. Mi experiencia en la vida, me ha hecho ser así.

AITOR; Vale, muy bien. ¿Y? ¿Qué me quiere decir con todo eso?

***MANCUSO;* (Pausa)** Hubo un tiempo que era como tu. No tendrás más de treinta años. Yo tengo sesenta años.

AITOR; ¿Y?

***MANCUSO;* (Se ríe)** La edad no vale para nada. La edad es un solo numero. Un numero que no nos debe condicionar. **(Pausa)** Dicen que es malo hacer deporte a partir de los cincuenta, que no hay sexo a partir de los sesenta… yo diría que más que nunca. **(Se ríe)** Y más placentero además. **(Pausa)** Dicen… que a partir de los cuarenta y cinco años es muy dificil enamorarse. Que la mejor edad para estudiar o hacer artes escénicas, es antes de los cuarenta. **(Pausa)** Que a partir de los sesenta, es tarde para querer ser actor, actriz, cantante… estudiar una carrera universitaria… ¡Tonterías! Un numero no nos puede condicionar para realizar algo que anhelamos y que puede ser nuestro sueño. **(Pausa)** ¿Tu que piensas?

***AITOR;* (Pausa)** Pues bueno… si es verdad que, la edad es solo un numero y hacemos que nos condicione…

MANCUSO; ¡Eso es! Hacemos y dejamos que un numero, nos condicione! ¿Y sabes porque? Porque nos dejamos llevar por la sociedad y el entorno. Entramos en el bucle del… "Que dirán".

***AITOR;* (Pausa)** Pues… si. Puede que tenga razón.

MANCUSO; ¡Pues claro, que la tengo muchacho! Nos dejamos dominar por las circunstancias, nos dejamos dominar por la sociedad y el entorno… y en definitiva, nos dejamos dominar por nuestra mente.

AITOR; ¿Por nuestra mente?

MANCUSO; ¡Si!

AITOR; **(Pausa)** Bueno, es posible que nos dejemos influenciar por el entorno o la sociedad, pero… la mente…

MANCUSO; Muchacho, la mente va atada como si tuviera un cordel, al entorno, a la sociedad, a los medios de comunicación… etc. El ser humano, vive preso de todo eso. ¡Incluso tu!

AITOR; ¿Yo?

MANCUSO; ¡Si, tu!

AITOR; ¿Y usted?¿Usted no está preso de todo eso?

MANCUSO; ¡Uy! Yo, ya pasé todo eso! La incertidumbre, la confusión, las dudas, el miedo, la inseguridad… y el estar preso de la mente… ya lo sufrí. Pero… ahora ya soy libre, y vivo como quiero.

AITOR; ¿Vive como quiere?

MANCUSO; ¡Pues claro! **(Pausa)** Pero en su día, fui como tu. Inseguro, dubitativo, miedoso…

AITOR; ¡Ey! ¡Pare! Yo no soy ni inseguro ni miedoso ni…

MANCUSO; ¿No?

AITOR; ¡Pues claro que no! No tiene ningún derecho a decir que soy inseguro y…¡Usted no sabe, nada de mi! ¡No me conoce!

MANCUSO; Eso es verdad. Pero sé lo suficiente. Le tienes miedo a la vida.

(Aitor comienza a reírse. Es una risa que camufla resignación. A los pocos segundos…)

MANCUSO; ¿Te has fijado en Picard? El que se ha montado en el tren, en dirección a Barcelona, porque se iba a Sítges.

AITOR; Si. Que. Que pasa con ese.

MANCUSO; Es un hombre, feliz, seguro de si mismo, sin dudas, sin miedos. Dispuesto a recoger lo que le mande la vida. Es decir… el universo. La vida está atada al universo. Vivir es un decreto del universo. Universo, metafisica y vida.

AITOR; No le entiendo.

MANCUSO; (Se ríe) Es comprensible. Pero vayamos al tema de Picard. **(Pausa)** Un hombre seguro de si mismo. Según él, solo necesita su as de pícas, la ilusión que lleva en el alma y su amada para conseguir su sueño. No sabe, lo que le deparará allí, en Sítges, pero el sabe que pase lo que pase… lo acatará, aprenderá y vivirá… la vida que le toca. ¡estoy seguro que será feliz!

AITOR; Eso espero.

MANCUSO; ¿ Tu no tienes un sueño? ¿No tienes una meta por cumplir?

AITOR; (Pausa) Pues…

MANCUSO; ¿En esa maleta no llevas sueños? Sueños… por realizar.

AITOR; (Pausa) En esta maleta… llevo muchas cosas. **(Suspira)**

MANCUSO; En esa maleta, llevaräs tu propósito de vida. ¿No?

AITOR; (Pausa. Se ríe) ¿Propósito de vida? Eso suena a… seguro de vida… a plan de viabilidad.

MANCUSO; (Sonríe) Bueno… en cierto modo, es parecido. En tu propósito de vida, te aseguras de tener un plan, un objetivo, una meta… un sueño, lleno de ilusión y motivación. ¿No te fijaste lo risueño que estaba Picard?

AITOR; (Pausa) Si. Y le envidio.

MANCUSO; ¿Envidias la confianza, la seguridad que tiene, en el mismo?

(Pausa. Aitor no responde y se limita a mirar hacia otro lado. Mira al horizonte con melancolía. Segundos después…)

MANCUSO; El que calla, otorga.

AITOR; ¡El que calla, es porque no tiene nada que decir!

MANCUSO; Si tiene, pero no le apetece hablar. **(Se ríe)** La vida se rige por sueños, metas, objetivos que van en la maleta, llamada propósito de vida. Esa maleta, la tenemos en nuestra alma.

AITOR; En mi maleta no hay sueños ni propósitos de vida. Yo no tengo sueños ni propósito de vida.

MANCUSO; ¿Cómo que no? Todo el mundo lo tiene.

AITOR; ¡Yo, no!

MANCUSO; ¡Tu también! Lo que pasa es que… tus miedos y tus inseguridades no te dejan verlo. La vida consiste en…

AITOR; ¿Y en que consiste la vida?

MANCUSO; En vivir la vida tal y como viene. En disfrutar cada momento. Porque cada momento… será el último momento que vivas en tu vida.

AITOR; ¿Usted no tiene miedo a nada?

MANCUSO; ¡Pues claro! Le tengo miedo a todo y a nada. **(Sonríe)** El miedo es un estado emocional, del que tenemos aprender, hacernos fuertes y superarlo. Mi experiencia y mi aprendizaje en la vida, me ha enseñado a entender los entresijos del universo. Las cosas no suceden por pura azar. No existe la casualidad.

Todo pasa por un motivo. Cada paso que damos, cada puerta que abrimos o cerramos en nuestras vidas… tiene una consecuencia para bien y como aprendizaje. **(Pausa)** No hay que tener miedo a la vida. No hay que tener miedo al que dirán. No hay que tener miedo al futuro. Debes vencer a tus miedos y enterrar tus inseguridades.

AITOR; ¿Y como se consigue todo eso?

MANCUSO; Dominando tu mente.

AITOR; ¿Dominando mi mente? **(Se ríe)**

MANCUSO; Si dominas tu mente, vencerás tus miedo y enterrarás tus inseguridades.

AITOR; ¿Y como se consigue eso?

MANCUSO; Siendo valiente. Haciendo caso a tu instinto, a tu alma. Huye de lo que te diga tu mente. Tu mente solo te va a crear problemas de confianza. Te va a sobreproteger. **(Pausa)** Tus inseguridades solo existen en tu mente. Y en algunos casos… en experiencias del pasado. Por eso, hay que dejar el pasado atrás. A no sea que tengas muy buenos recuerdos claro.

AITOR; ¿Por qué me cuenta todo esto?

MANCUSO; (Pausa) Porque me recuerdas mucho a mi. Yo, era como tu, hasta que le hice frente al miedo, le dijo "no" a mi mente y decidí vivir mi vida. **(Pausa)** Solo que… cuando decidí vivir mi vida… ya era demasiado tarde. Y me tuve que adaptar al nuevo decreto de la vida, del universo. **(Pausa)** El universo te manda trenes. Pero no muchos. Y si pasa el último y no coges… **(Pausa. Suspira)** te toca vivir una vida que no te gusta. Pero con el paso del tiempo, conseguí entender y aceptar el decreto del universo. La vida que yo soñaba… la vivió otra persona. Luego, empecé una nueva vida… y he sido feliz.

AITOR; (Pausa) Pero… ¿Qué pasó? ¿Qué le ocurrió?

MANCUSO; (Pausa) Que desaproveche´el último tren del universo. **(Pausa)** Y mi sueño se esfumó. Mi propósito de vida… cambió radicalmente.

AITOR; ¿Pero que le ocurrió?

MANCUSO; Que mi sueño se fue con otro, cambió de rumbo. **(Pausa)** Yo tenía un sueño… tener mi propia escuela de pedagogia. Y tuve la suerte que el

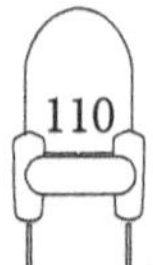

amor de vida, mi alma gemela, se encontraba en el lugar donde estaba mi sueño. **(Pausa)** ¡Mis sueños y mi propósito, juntos en el mismo lugar! Un local grande, para crear mi propio centro de enseñanza pedagógica, fusionado con desarrollo personal. **(Pausa)** Era un local de segunda mano asquible, asumible economicamente. **(Pausa)** Pero…

AITOR; **(Pausa)** ¿Pero…?

MANCUSO; Pero… el miedo, las dudas y la inseguridad se metieron en mi cabeza. hice caso al entorno, a la sociedad, a la familia, a los amigos… a todos, menos a mi mismo. No quise escuchar a la voz de mi alma. **(Pausa)** Empezaron a decirme "Que vas hacer tu alli", "Esa mujer no es para ti", "como vas a comprar ese local tan grande, es mucho dinero"… "que tu no puedes"… "tu no sabes…". Etc. **(Pausa. Suspira)** Y si no eres lo suficientemente fuerte, ante tanta mensaje destructivo… sucumbes a la ley de tu mente. Porque realmente no eran ellos. Era mi mente, era yo quien me autoboicoteaba. ¿Entiendes?

AITOR; **(Pausa)** Creo que si. ¿Y… ella…?

MANCUSO; Ella se cansó de esperarme. Y el universo también. El universo quiere rápidez y decisión. Si haces esperar al universo… no… adiós muy buenas. **(Pausa)** Intenté reconducir la situación, enmendar mi error pero… el universo ya había tomado su decisión. **(Puasa)** Margaret había encontrado a otro príncipe. **(Pausa)** Y en cuanto al local de mis sueños… lo compró un terrateniente, para derruirlo y construir ahí un hotel del lujo.

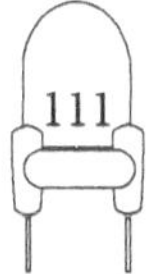

AITOR; (Pausa) Vaya. Lo siento.

MANCUSO; Más lo siento yo, creéme. **(Pausa)** Por suerte, aprendí rápido la lección, me sirvió de aprendizaje y que jamás lo olvidaré. Dejé escapar al amor de mi vida y a mi propósito de vida. **(Pausa)** Cuatro años más tarde, conocí a otra mujer, me enamoré y al poco tiempo, me contratarón como profesor en un instituto. Una experiencia muy bonita, en el que he aprendido mucho, he sufrido y he disfrutado. La docencia es una de mis pasiones, así que… le doy las gracias al univeso por habarme concedido este regalo. No era como el otro tren pero lo valoro mucho. **(Pausa)** Hay que valorar las cosas. ¿Tu valoras la vida?

AITOR; Naturalmente. **(Pausa)** ¿A que ha venido a esta estación?

MANCUSO; A ver la vida pasar. Todos los días vengo. No hay día que no me arrepienta, de no haber cogido ese tren que se dirigía hacia mi sueño. No me mal interpretes, soy feliz con la vida que llevo y con mi esposa que me ha dado tres maravillosos hijos.

Pero… no puedo evitar el pensar… que habría sido de mi, si hubiera cogido el tren que me llevaba a mi sueño. Por eso, todos los días vengo y miro la vida pasar en el anden de la vida. **(Pausa)** Trenes, transeúntes buscando y esperando una nueva vida. Personas como Picard o como tu. **(Pausa. Suspira)** Y ahora dime tu. ¿Por qué estás aquí? Y no me digas por favor, que no lo sabes.

AITOR; (Pausa) Se va a sorprender.

MANCUSO; Me encantan las sorpresas.

AITOR; (Pausa) Su historia es la mía. Soy un nómada de la sociedad. Siempre me he considerado diferente. Una oveja negra. Siempre he ido a contracorriente.

MANCUSO; ¡Viva las ovejas negras! ¡Siempre a contracorriente! **(Se ríe)** Es así como se aprende. Perdón. Continua.

AITOR; En esa maleta llevo muchos recuerdos. Muchas ofensas. Muchas criticas.

MANCUSO; Muchas piedras a tus espaldas.

AITOR; (Pausa) El pasado me golpea, el presente me abofetea…. Y temo al futuro.

MANCUSO; ¿Cuál es tu tren?

AITOR; Barcelona. **(Pausa)** Ahí me espera… mi amor y mi oportunidad. **(Pausa)** Estudie bellas artes y arte dramático. En Barcelona… tengo mi sueño y mi propósito de vida. Una chica que me quiere tal y como soy y me valora. Voy a Barcelona a mejorar, a aprender más.

MANCUSO; Todo eso me parece genial. Pero… ¿Tu, ya te valoras?

AITOR; (Pausa) Si, claro.

MANCUSO; Déjame decirte, si no te valoras… no conseguirás nada en esta vida, por mucho que te valore tu futura novia. Está claro, que te falta autoestima. El motivo lo desconozco, pero hazme caso. No hagas caso a tu cabeza, a tu mente, no tengas miedo. ¿Tus padres te apoyan en esta decisión? Intuyo que no. Al igual, que intuyo que tienes pocas amistades que te apoyen.

AITOR; Tiene usted una gran intuición. Una infancia y una adolesscencia marcada por… las burlas y los menosprecios.

MANCUSO; Pero eso es pasado. Centrate en el presente.

AITOR; El presente me dice que… con esa chica no tendré buen futuro, me dice que el arte escénico tiene pocas oportunidades laborales, que estudie y me dedique a otra cosa.

MANCUSO; ¿Eso te dice tu mente?

AITOR; Eso me dice mi familia, mis "amistades"… el entorno como diría usted. ¡Hasta la panadera me lo dice!

MANCUSO; Y tu mente, hace de complice para aturullarte más.

AITOR; Pues si.

MANCUSO; ¿Y que vas hacer muchacho? Hacerle caso al entorno y a tu mente? ¿O… a tu instinto, a tu alma? Porque tu quieres ir. ¿Verdad?

AITOR; ¡Claro que si! **(Pausa)** Pero… ¿Y si sale mal? ¿Y si… tienen razón? ¿Y si… no consigo…?

MANCUSO; Pues si te sale mal, te jodes.

AITOR; ¿Qué?

MANCUSO; Si te sale mal la jugada, no serás el primero ni el último que le sale mal.

AITOR; Fracasaré.

MANCUSO; ¿Y? Desde el fracaso llega el éxito. Para triunfar, ahí que fracasar y aprender de las caídas. No cometas el error que cometí yo. Arriesgate como Picard. El que no arriesga no gana. Lo tienes muy claro en tu interior. Pero te falta convencerle a tu mente.

AITOR; ¿Y como se hace eso?

MANCUSO; Escuchando a tu alma, haciendo caso omiso a las voces negativas, al rebaño de ovejas blancas. Solo así, silenciarás esa voz que incordia tu alma. ¡No te lo pienses, hazlo! ¡Cge ese tren! La vida es como un melón muchacho.

AITOR; (Pausa) ¿Qué?

MANCUSO; Abres el melón… y ahí está toda la vida. El jugo de la vida. Sus pepitas que representan los problemas y los miedos. La inseguridad es la de comerte una pepita. Pero da igual, porque aprenderás la lección. Hazme caso, cómete el melón.

AITOR; (Pausa) Pero…

MANCUSO; (Se levanta) ¡Cómete el melón! ¡Coge ese tren y cómete la vida! Muchacho, la vida es un regalo que nos ofrece el universo. Sufre, sonríe, ríe, enfadate, llora…. Pero por favor…Coge ese tren que te lleva a tu sueño… ¡Y vive! No renuncies a tus sueños. Todos tenemos un propósito de vida.

AITOR; (Pausa) Yo, quiero pero…mi falta de confianza….

MANCUSO; Muchacho, la falta de confianza es una imposición de las personas mediocres. Tu eres más fuerte que tu mente y que el entorno. Pero debes creer en ti. Ten fe. Valorate, quierete. Empoderate. **(Pausa)** He sido profesor durante muchos años. Y he visto autenticos milagros.

AITOR; ¿Milagros? ¿En que sentido?

MANCUSO; He tenido alumnos que sacaban muy malas notas y con actitudes negativas, pero era debido a su falta de confianza, a su falta de amor. Pero en cuanto empezaron a creer en ellos mismos, a tener fe, comemzarón a sacar buenas notas. Es curioso, porque casi todos ellos, tenían como actividad las artes escénicas o las artes plásticas. Para que veas, que la cultura abre mentes y enternece el alma. **(Pausa)** En fin… **(Pausa)** Bueno, que vas hacer. ¿Comerte el melón o… continuar siendo un melón?

AITOR; (Pausa. Suspira) Tengo miedo.

MANCUSO; ¡Eso es bueno! Aceptar que uno tiene miedo,e s el principio. Es así, como se combate contra la mente. Y una vez, que uno lo acepta, entonces, hay que sacar toda la fuerza que se tenga en el interior y…¡Nos empoderamos! El miedo y el coraje, es lo mismo. ¿Lo sabías? Es pura adrenalina. El miedo es un estado emocional llena de adrenalina y el coraje también. Así que, el miedo se combate con ilusión, motivación y coraje. ¡A por todas muchacho!

¡Tu mandas sobre tu mente! Olvida el entorno, olvida el pasado y céntrate en ti. Piensa en ti. ¿Tu que quieres hacer?

AITOR; (Pausa) Cumplir mis sueños y realizar mi propósito de vida. **(Pausa)** Allí en Barcelona, iré a un

centro de arte dramatico gestual…por las mañanas o por las tardes trabajaré en… no sé que pero en algo tendré que trabajar. Y viviré con la chica… de mis sueños que me está esperando con los brazos abiertos. **(Pausa)** Y… con el dinero que pueda ganar alquilaré o compraré… un local de ensayo, en donde pueda impartir clases, ensayar… y quien sabe, con el tiempo, podría incluso representar exhibiciones de artes escénicas.

MANCUSO; Me parece una aventura maravillosa. Una gran idea.

AITOR; **(Pausa)** Si. **(Pausa)** Laura me está esperando en Barcelona. **(Pausa)** Queremos abrir un local juntos. Se llamará *"SUEÑATE"*.

MANCUSO; Extraordinario. Sencillamente extraordinario. ¿Y a que esperas? ¿En donde está el miedo y la duda? Deja que el universo haga su trabajo. Hazme caso. Confía en ti, en tus capacidades, y… confía en el universo. El universo jamás se equivoca. **(Pausa)** Que hora es.

(Pausa. Aitor mira el reloj y….)

AITOR; Son las… seis y veinti siete minutos.

MANCUSO; ¿Y a que hora vien, el siguiente tren para Barcelona?

AITOR; A las seis y media. **(Pausa)** Entonces… viene ahora.

MANCUSO; ¡Si! ¡Viene ahora muchacho! Es tu oportunidad. No la desaproveches.

(Pausa. Aitor se queda pensativo… a los pocos segundos sonríe y…)

AITOR; ¡No! ¡No la desaprovecharé!

(De repente, se escucha por megafonía…)
"¡Atención pasajeros! El tren procedente de Madrid, con dirección a Barcelona, llegará en unos momentos".

AITOR; ¡Ya viene!
MANCUSO; ¡Es tu tren, muchacho!

(Pausa. Aitor está muy inquieto. Nervioso. Agarra con fuerza su grande maleta y empieza a arrastrarla pero sin rumbo fijo. De repente aparece el tren. El sonido estruéndoso del tren, llama la atención a Mancuso y a Aitor. Cuando el tren se detiene. Aitor se queda mirando el tren atónito, embrujado. Segundos después…)

MANCUSO; ¿A que esperas muchacho? ¡Vete! ¡Es tu tren!

(Pausa. Aitor se gira, mira a Mancuso y…)

AITOR; ¡Es mi tren! ¡Es mi oportunidad! Y no la voy a desaprovechar. **(Pausa)** Agur!. Eskerrik asko!

(**gracias**) El conoceros a ti y a Picard, ha sido un aprendizaje. Una casualidad.

MANCUSO; No. Ha sido una causalidad. La vida es un aprendizaje, no lo olvides. Ahora corre. ¡No, espera! Te quiero dar este libro.

(Pausa. Mancuso saca del bolsillo, un libro y se lo da a Aitor. Aitor coge el libro, lo ve y…)

AITOR; "Metafísica".

MANCUSO; De *Conny Méndez*.

AITOR; ¿De que va?

MANCUSO; Leélo y lo sabrás. Es un buen libro para leerlo, durante un viaje largo.

AITOR; ¡Ah! Eskerrik asko! Lo leeré.

MANCUSO; Más te vale muchacho. Lee y estudialo. Este libro te servirá de mucho. ¡Ah! Y cuando llegues a Barcelona, vete a una librería y compra **"LA VOZ DE TU ALMA"**.

AITOR; ¿La voz de tu alma?

MANCUSO; ¡Si! El escritor es Laín García Calvo. ¡No lo olvides!

AITOR; **(Pausa)** ¿Laín García Calvo?

MANCUSO; ¡Si! 'Búscalo y compra su libro. Te será muy útil y te resultará muy interesante. Créeme. ¿Lo harás?

AITOR; ¡Vale!

MANCUSO; Bueno, venga vete. Que sino… perderás el último tren del universo.

AITOR; ¡Si! ¡Me voy! Agur!!!!

(Pausa. Aitor se va corriendo entre el humo, con el fin de coger ese tren que le llevaría hasta su sueño, su… propósito de vida estaba en un vagón de ese tren. Aitor, se va.

Sale de escena. A los pocos segundos, se escucha el estruendoso sonido una vez más del tren, esta vez, para anunciar su salida hacia Barcelona. El tren se pone en marcha.

Se escucha el sonido del tren. Se escucha como se aleja el tren. Mancuso mira hacia el lugar en donde se escucha el sonido del tren.

A los pocos segundos….)

MANCUSO; Hay va otro que va a por su sueño. Y entre tanto… yo sigo aquí… observando, mirando la vida pasar. La vida no se detiene. Al igual que el universo, va a gran velocidad. **(Pausa)** La vida es como un andén. Hay que esperar el tren, y cuando llega… subirse a él, sin pensarlo dos veces. **(Pausa. Suspira)**

(Mancuso se queda ahí sentado, observando la vida pasar. A los pocos segundos, los focos del escenarios se van apagando paulatinamente bajo el sonido del tren.)

FIN DE LA OBRA

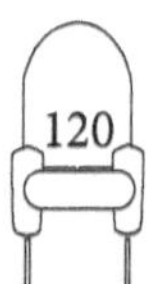

ANÁLISIS 3

Este es el tercer análisis, y no es ni de sangre ni de orina. Menos mal. Jejeje. El humor ante todo, que no falte.

Tercera obra teatral del libro "**MICRO HISTORIAS DE LA VIDA**", esta obra quizás haya sido la más larga, pero la más interesante a mi parecer.

¿Qué te ha parecido? ¿Te ha gustado? Estoy seguro que si.

Lo que ha quedado claro, es que si no aprovechas las oportunidades (señales) que te manda la vida (el universo)… te puedes quedar colgado, como el bueno de Mancuso.

Aunque, luego supo reaccionar y aprender del error. Lo que está claro, es que las oportunidades que no aprovechas, la aprovecha otra persona por ti.

Cuando tu cierras una puerta, se la estás abriendo a otra persona. A eso, se le llama… "No hay mal, que por bien no venga."

Aitor, supo reaccionar a tiempo. Supo dejar las vocecitas que había en su cabeza aun lado y

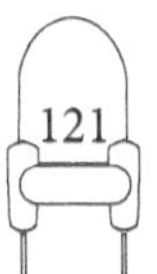

subirse al tren que se dirigía a su sueño. Y una vez en el tren, comenzaría su propósito de vida.

Cuando uno se sube al tren que le manda el universo no sabe lo que va a ocurrir, no sabe si se ha metido en el vagón correcto. No sabe si será feliz. Pero una cosa debes tener claro, cuando se sube al tren, ya no hay marcha atrás. Pase lo que pase…. Será bueno.

Lo peor que puedes hacer es dejar de hacer algo que te gusta o que deseas con mucha fuerza por miedo, por el que dirán.

Porque entonces… estás sucumbiendo y el universo lo ve y entiende que no eres merecedor o que no estás preparado/a.

Como ha dicho Mancuso, el universo te envía muchos trenes. Debes estar preparado/a. Si pasan dos y en ninguno te subes… es que quizás no estabas preparado/a. Pero… si pasa el último y no re subes… ¡Adiós!

Y escucha (lee) bien. Nunca sabrás a ciencia cierta cual es el último tren. Pero cuando pase y si no te subes… entonces lo sabrás, te darás cuenta de ello. Y el dolor será insufrible.

Eso es lo que le pasó a bueno de Mancuso. Que desaprovechó todos los trenes que le mandó el universo… y se dio cuenta.

Su dolor fue grande. Pero enseguida reaccionó, enseguida se adapto a las circunstancias. Y supo entenderlo como un aprendizaje de la vida. Y no me cansaré de decir, que la vida es un proceso de aprendizaje.

Pero no para tenerlo muerto de risa, lleno de polvo. Sino para leerlo atentamente y estudiarlo.

En el siguiente capitulo, te hablaré un poco más sobre trenes, andenes, señales del universo y vías. La vida está repleta de vías de ferrocarril.

¿Para donde vas?

Ahí está la cuestión. Bueno, te espero en el siguiente andén. Y no te olvides, de coger el billete de la vida.

EL ANDÉN DE LA VIDA

La vida está repleta de vías, de railes, de ferrocarriles, de trenes… y a nosotros, pobres incautos, nos toca esperar en el andén. En el andén… de la vida.

Sentados/as esperando. Ansiosos/as. Viendo la vida pasar. Y la vida… la vida tiene prisa. La vida no espera. Y cuando llega el tren, **NUESTRO TREN**… hay que subirse a él. Aunque tengamos un miedo atroz.

Porque sino… te pasará los mismo que al bueno de Mancuso. Que la oportunidad que has desaprovechado… la aprovechará otra persona. Si, si… es así.

La vida que desaproveches, la aprovechará otra persona. Tus sueños son para ti, pero si las rechazas… entonces, las cogerá otra persona, y vivirá la vida que te corresponde. O mejor dicho… que te correspondía.

LA VIDA TIENE MUCHAS VÍAS

Nos toca elegir. No sabemos cual es la correcta. No sabemos, a donde nos llevaran cada una de ellas. Porque la vida es como un acertijo de *"sombrero loco"* en el país de las maravillas. ¡Ah! Por cierto… tu vida, es como el de Alicia, es una maravilla.

Pero por muchas vías, railes y ferrocarriles que tenga la vida… uno/a ya sabe, que camino tiene que tomar.

Uno lo siente cuando lo tiene que sentir. La cabeza (la mente) no te lo va a decir. Además, como bien sabes, te pondrá miles de resistencias y tendrás que superarlas.

Uno, sabe que va por el buen camino… cuando lo siente. Lo siente en su interior. Lo sientes en el alma.

Tu alma te habla. Al principio, tu vía la verás nublada o con mucha niebla e incertidumbre. Te inquietará. Porque será similar a algo así…;

Pero luego a medida que vayas caminando, a medida que pase el tiempo… a medida que vayas superando los obstaculos que te presenta tu mente… entonces, veras tu vía de la vida… así;

Cuando caminas con mas seguridad, la luz comienza a iluminar el camino.

Y cuando estás lleno de confianza, seguro de ti mismo/a, empoderado/a hasta arriba, que te comerias un gigante.

Entonces ves todo azul. Lo ves más claro, más nitido. Lo ves... así..;

Menuda diferencia. ¿Verdad? A medida que vamos caminando… el cielo se va despejando y vemos la luz en la vía de la vida.

Pero una cosa te voy a decir. Morimos como vivimos. De la misma manera. Y morimos…para volver a nacer.

Un andén es una estación de principio y fin. Es un lugar de partida hacia algo nuevo. En el andén de la vida estamos todos. Esperando y viendo la vida pasar.

En el siguiente capítulo, te hablaré de poesía.

¡Seamos poetas!

POETAS DE LA VIDA

Somos poetas de la vida. La vida es pura poesía. La poesía es un estado emocional en estado puro. ¡En acción!

¿Y que es la vida? Precisamente eso. Un estado emocional en acción. La poesía se encuetra en las almas.

¿Ya sabías, que los encuentros más importantes ya han sido planeados por las almas? Antes incluso de que los cuerpos se hayan visto.

Vivir sin miedo es poesía. Vivir seguro es poesía. Vivir valiente y consciente del aquí y ahora, es poesía.

La felicidad es poesía porque, no es una cosa que esté ahí esperando a alguien. La felicidad reside en nuestro interior. Y las poesías nacen desde el interior.

No hay poema más bello que la felicidad.

Los/as escritores/as escriben desde el alma. Hablan, piensan y escriben desde el alma. Todo lo surge, sale desde el alma para plasmarlo en papel.

La vida es una gran poema pero muy pocos saben escribirlo y recitarlo correctamente.

Vivir está al alcance de todos/as. Vivir sin miedo también. Pero muy pocos eligen (son los elegidos) para vivir una vida sin miedo.

Hay que atreverse a vivir sin miedo. ¿Por qué? Sencillamente… porque no está de moda. No. No, esta de moda vivir sin miedo.

Está de moda, estar pendiente de las mierdas que salen en los informtaivos, de los "bulos" que surgen en las calles mediante personas mediocres, y está de moda ser una oveja blanca.

Para ser un buen poeta de la vida, es imprescindible ser una oveja negra e ir siempre a contracorriente de los demás.

Un buen poema a la vida, es siendo fiel uno mismo. Coherente con sus principios que le manda desde el alma.

Eres un poeta de la vida. Escribe un buen poema. Y que lo recite tu alma, para que tu vida esté orgullosa de ti. ¡Arriba los poetas de la vida! ¡Los que viven sin miedo a la vida!

En el siguiente capitulo, te hablaré de…

Quimeras.

QUIMERAS

La obra de la vida, es una tragicómedia muy terrenal.

Con personajes de carne y hueso, que derrochan su tiempo inventando ídolos de barro.

Dioses y demonios, todos ellos volubles e iracundos;

Completamente inexistentes.

La divina comedia no tiene nada de divina, ni de comedia.

Se acerca más a una farsa , a una historia metafórica, a una fábula en que el hombre animal se representa a si mismo….

ADORANDO QUIMERAS.

DANTE AMERISI
(EL HOMBRE Y SU DESIERTO)

La vida es una maravilla. Y el hombre… una mera quimera. En el siguiente capitulo, te hablaré de una canción, que conoces.

NO TE PREOCUPES, SÉ FELIZ

Dicho (y escrito) así, quizás no te suene. Pero si te digo… **"Don´t worry, be happy".**

¿A qué te suena? ¿A que sabes, de que canción, te estoy hablando?

La gran y archi conocida canción de **Bobby Mc Ferrin.** La canción se título;

NO TE PREOCUPES, SÉ FELIZ.

Desde luego, el título de la canción, es una declaración de intenciones. Y así es como debemos vivir y ver la vida.

Vivimos en un contínuo estado emocional, que se asemeja a un torbellino o huracan. Tan pronto somos insensibles y artificiales como nos volvemos, de repente, en las personas más susceptibles.

¿Por qué? Porque no sabemos controlar nuestras emociones, porque no sabemos dominar nuestra mente.

Pero bueno, voy a ir al grano. Te voy a poner la letra de la canción. Y verás que es el concepto

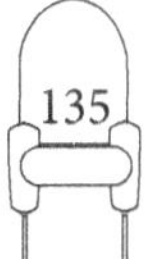

que tendriamos que tener de la vida y su forma entenderla.

NO TE PREOCUPES, SÉ FELIZ

Aquí hay una pequeña canción que escribí. Es posible que desees cantarla nota por nota.

NO TE PREOCUPES, SÉ FELIZ.

En cada vida tenemos algunos problemas, pero cuando te preocupas, son el doble.

NO TE PREOCUPES, SÉ FELIZ AHORA

No hay sitio para apoyar la cabeza, alguien puede venir y quitarte la cama.

NO TE PREOCUPES, SÉ FELIZ.

El dueño del apartamento dice que no has pagado aun. Que puede que tenga que litigar. Mírame a mi, estoy feliz.

NO TE PREOCUPES, SÉ FELIZ.

Té pasaré mi número de teléfono. Cuando estés preocupado, llámame. Te haré feliz.

NO TE PREOCUPES, SÉ FELIZ.

Sin dinero, sin estilo, sin chica para hacerte sonréir. Pero no te preocupes, sé feliz, porque estás preocupado tu cara se arrugará y eso deprimirá a todo el mundo. Así que, no te preocupes y sé feliz.

Ahora, es esta la canción que escribí. Espero que la hayas aprendido nota por nota, como buen niño.

¡NO TE PREOCUPES, SÉ FELIZ!

Una canción optimista, vitalista. Y aunque vaya a ritmo muy lento, es pura energía.

Es una letra muy simple pero en el que dice una gran verdad.

Nos preocupamos por todo y de todo. Nos angustiamos de todo y por todo. Hacemos un drama de todo y por todo.

Nos encanta llorar por las esquinas y hacernos las victimas. Y nuestra susceptibilidad está a flor de piel.

Nos han educado con el miedo, con el fin de preocuparnos por el miedo. Con lo cual, estamos (están) todo el día ansiosos y preocupados por cualquier cosa.

Y ese "cualquier cosa" viene de las redes sociales, del entorno (amigos y familiares) y de los medios de comunicación.

Y nuestra única preocupación debe ser… ser feliz. Y la felicidad está en nuestro interior. Hay personas que se pasan toda la vida buscando la felicidad. Pero la felicidad está ahí, al alcance, enfrente de nuestras narices.

Pero… no ves la felicidad (Que bonito nombre) porque estás ciego. Yo, a veces también.

Solo prestamos atención a lo negativo. Y parece que lo negativo mola más que lo positivo. ¿Acaso… seremos masoquistas? Puede.

Hay una frase de la canción de **Bobby Mc Ferrin**, que es una gran verdad.

"En cada vida tenemos algunos problemas, pero cuando te preocupas, son el doble".

Y es así. Cuando preocupas en exceso de algo, al final le das una excesiva importancia que se convierte en un gran problema. Todo está en la mente. La mente se ocupa de darle el doble de preocupación a ese problema. Cuanto más te preocupas… más crece el problema.

Hay una frase que dice; Si el problema tiene solución para que preocuparse. Y si el problema no tiene solución… pues para que seguir preocupándose.

Siempre tendemos a hechar la culpa a los demás, pero realmente, los únicos culpables somos nosotros. Nosotros somos, los únicos responsables de nuestras vidas, de nuestros actos, de nuestros sueños y objetivos…

En el siguiente capitulo, te contare otra micro historia de la vida. Ahí va, la cuarta historia.

PUPITRE SIN VIRTUD
(FICHA TÉCNICA)

PERSONAJES;

JAVIER (alumno)

PROFESOR

MANCUSO

MADRE

SINOPSIS;

Todos tenemos un don. Pero muchas veces, el entorno no lo ve. En la vida, se le da demasiada importancia a las notas o una formación que tenga salidas.

Es una obra teatral con mucho humor pero con mucha reflexión también. Es una obra que muchos/as os sentireís indentificados/as. ¡Disfrutar!

PUPITRE SIN VIRTUD

(Se alza el telón. Los focos iluminan el escenario. Sobre el escenario hay una mesa de estudio (de profesor). Hay tres sillas.

Sobre el escenario hay tres personas. Por un lado está un profesor mirando los examenes y las notas de un chico, llamado Javier.

Y frente al profesor, se encuentran Javier y su madre. El rostro de la madre es un poema mal ejecutado. Javier mira hacia abajo, hacia los lados… no sabe ni a donde mirar.

A los pocos segundos, el profesor levanta mirada, mira a Javier, segundos después a su madre y acto seguido…)

PROFESOR; Javier, has suspendido cinco asignaturas. ¿Qué piensas al respecto?

MADRE; ¿Cinco? Usted doctor, me había dicho tres.

PROFESOR; (Pausa) Profesor, si no le importa. No tengo nada contra los medicos, pero para ser doctor,

hay que estudiar medicina. Y yo... he estudiado jardín de infancia y magisterio. **(Pausa)** Si... yo le habia dicho, tres asignauras. Mis tres asiganturas, que son matemáticas, física y tecnología. Y luego, ha suspendido también, inglés y religión.

MADRE; ¿Inglés y religión también?

(Le mira muy enojada a Javier. Javier se limita a mirar hacia abajo. Segundos después....)

MADRE; ¿No piensas decirme nada Javier?

(Pausa. Javier mira a su madre pero se encoge de hombros. A los pocos segundos...)

JAVIER; Es que... no entiendo. La profesora habla en inglés. Y claro, no la entiendo.

PROFESOR; Naturalmente, porque es la clase de inglés.

JAVIER; Entonces... ¿Cómo la voy a entender? Si no me explica en castellano... la asignatura de inglés... no lo voy a entender.

MADRE; ¡Seguro, que los demás de clase, hablan muy bien en inglés.!

JAVIER; No. Alguno chapurrea, alguna palabra suelta como... "car", "red", "Mader", "fakiu"... pero poco más.

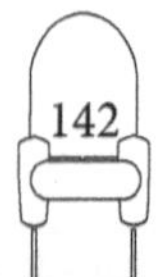

(Pausa. El profesor y la madre suspiran. Segundos después…)

MADRE; ¡Y que pasa con religión! El profesor de religión… ¿También habla en inglés?

JAVIER; No. Habla en un castellano perfecto. Pero las cosas que dice, no hay por donde cogerlas. Dice cosas muy raras y…

PROFESOR; El otro dia, el profesor de religión, le preguntó, cuantos dioses había y dijo que cuatro.

MADRE; ¿Cuatro? ¿Cuatro Javier?

JAVIER; ¡Pues claro! Dios, sandios, redios y mecaguen dios. Y si no… preguntáselo a papá. Él, los nombra continuamente. **(Sonríe)**

(Pausa larga. La madre no se sabe ni a donde mirar y el profesor suspira y mira hacia un lado. Segundos después…)

PROFESOR; ¿Y que le dijiste, el otro día al profesor de religión, sobre… el cuerpo de cristo?

JAVIER; La verdad. Que esa cosa redonda, estaba la hostia de malo. Que sabía fatal, que sabía a papel. Que es muy dificl de tragar porque se te pega en el paladar y…

MADRE; ¡Basta! ¡Basta! ¡No quiero oír más tonterías!

JAVIER; Pero mamá…

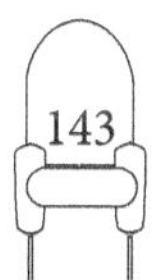

MADRE; ¡Basta eh dicho! **(Pausa)** Bueno… ¿Y que pasa con las matemáticas, la física y la tecnología? ¿Saben Fatal? ¿No entiendes el castellano…? ¿Cuál es la excusa?

(Pausa. Javier suspira y se pone cabizbajo. Segundos después….)

PROFESOR; No hay excusa. En matemáticas ha sacado un dos. En física un dos con siete y en tecnología un tres y medio. **(Pausa)** Es un buen chaval, no crea problemas, salvo cuando abre la boca para decir algo que no debe. Pero es un vago. **(Pausa)** Y bien… ¿Qué dices en tu defensa Javier?

JAVIER;(Pausa) Que no me gustan sus asignaturas y no las entiendo.

PROFESOR; ¿Esa es tu defensa?

JAVIER; (Pausa) No se lo tome a mal, pero… usted no sabe enseñarme.

MADRE; ¡Javier, por favor! ¡Que poco respeto! ¡Pídele perdón al señor doctor!

PROFESOR; Profesor señora, profesor.

JAVIER; (Pausa) Perdone… profesor. **(Pausa)** Es buena persona pero se irrita con facilidad y… no sabe explicarme las cosas.

MADRE; ¡Javier…!

PROFESOR; Asi que… no te explico bien y me irrito con facilidad. **(Pausa)** puede que tengas

razón. Pero es que… me lo ponéis muy dificil. Sois muy revoltosos.

JAVIER; ¿Yo también?

PROFESOR; (Pausa) No, tu no.

JAVIER; Conmigo no tiene mucha paciencia. Me explica…pero a mi me cuesta entenderlo porque no me gusta sus asignaturas. Y claro… luego se irrita, me lo explica peor… y me pongo nervioso. Los profesores deberiáis aprender a motivar a los alumnos.

PROFESOR; ¿Qué? **(Se ríe)** ¿Me vas a decir como tengo que dirigir mis clases?

JAVIER; (Pausa) No. Pero sus clases son un rollo y si sabría motivar a los alumnos… sacarían mejores notas. ¿No cree?

MADRE; ¡Javier… por favor!

PROFESOR; Lo que hay que oír. ¿Se ha dado cuenta como viene la juventud de hoy en día?

MADRE; Si. **(Pausa. Suspira)** Javier… ¡Me estás avergonzando, delante de tu profesor!

PROFESOR; Profesor… y tutor.

MADRE; Madre mía… todo eso, es usted. Que mérito. **(Pausa. Suspira)** No se que hacer con él. Se pasa todo el día escribiendo, dibujando… haciendo chorradas…

JAVIER; ¡Hago teatro! Interpreto personajes.

MADRE; ¿Teatro? ¡Personajes, te voy a dar yo a ti! El otro día, me viene y me dice; "Mamá, te voy hacer una lectura dramatizada". Yo no sabía lo que era eso.

PROFESOR; Es un estilo teatral.

MADRE; Si, algo así me dijo. Total que me empieza…;

"Lectura dramatizada. Título; Las notas. Autor; MI tutor". Y empieza…; "Matematicas suspenso. Física suspenso. Tecnología suspenso. Inglés suspenso. Religión suspenso. Que dios nos pille confesados".

Yo no sabía si estaba de broma o no. Me quedé boquiabierta y dándole vueltas a la cabeza. Le pregunté si… lo que me había leído eran las notas del colegio y me dijo… que era una lectura dramatizada.

PROFESOR; Eran las notas del colegio, firmadas por mi, y que debían ser firmadas por usted… o su marido. Y al ver que, Javier no traía las notas firmadas… decidí llamarla y citarla aquí hoy.

(Pausa. Javier, se ríe en voz baja e intentando disimular. Su madre y el profesor le miran fijamente. Segundos después…)

MADRE; ¡De que te ríes! ¡Me has mentido!

JAVIER; No te he mentido. Te he dicho la verdad. Te he recitado las notas, los suspensos en forma teatral. Lectura dramatizada. Lo que pasa, es que se me olvidó decirte, que las firmaras. Pero ya te dije, que eran las notas. ¿No? **(Sonríe)**

PROFESOR; ¿Te hace gracia Javier? **(Pausa)** Está claro, que necesita ayuda pero un correctivo también.

MADRE; (Pausa) Se pasa todo el día dibujando… escribiendo… hablando solo…

JAVIER; Hablo solo porque interpreto personajes. Hago soliloquios teatrales.

MADRE; (Pausa) ¿Qué? **(Pausa)** Ya ve… que cruz la mía.

JAVIER; Y me gusta hablar conmigo mismo, porque así me entiendo mejor.

MADRE; ¿Ha oído lo que ha dicho doctor? ¿Le llevo a un psicologo?

PROFESOR; Pues… quizás haya que llevarle a un psicologo. Y de paso… pida cita también para usted. A lo mejor, le enseñan a diferenciar entre doctor y profesor. **(Pausa)** es broma. **(Pausa)** Vamos a… llevarle al psicologo y clases particulares de refuerzo en matemáticas y física. Podría…. Meterle en una academia de inglés, con clases estrictas.

MADRE; ¿Y cree que serviría de algo?

PROFESOR; Por intentarlo que no quede.

JAVIER; ¡Yo no quiero!

MADRE; ¡Tu te callas! Si hubieras estudiado como dios manda…

JAVIER; Dios no existe.

MADRE; ¿Qué? ¿Quién te ha dicho eso?

JAVIER; Eso lo dijo Nietzsche.

MADRE; ¿Quién es ese? ¿Un amigo tuyo?

JAVIER; Es un filosófo. Y me lo dijo Mancuso en clase.

MADRE; ¿Mancuso? ¿Quién es, ese Mancuso?

PROFESOR; Un profesor… un viejo profesor que está a punto de jubilarse. En su día fue un gran profesor, pero hoy en día… ya está viejo… y no se centra en lo que debe. Es muy bohemio, muy filósofo de la vida.

MADRE; Ya. Ya me hago la idea. En fin…

(Pausa. Segundos más tarde aparece el procesor Mancuso.)

Mancuso entra a escena;

(Mancuso, va en pantalón corto, sandalias, una gorra de pesca, una camisa y bajo el brazo lleva una carpetas con papeles que se sobresalen.

Nada más entrar se queda quieto pero a los pocos segundos, se dirige hacia ellos, apoyándose en el bastón. Entra, al verles, se queda quieto, atónito. Le mira al profesor y…;)

MANCUSO; ¿Qué hacen en mi despacho? ¿Y que hace usted sentado en mi silla?

PROFESOR; ¿Su despacho? ¿Su silla? Mancuso, este es mi despacho y esta es mi silla. Usted acaba de entrar a mi despacho.

(Pausa larga. Mancuso mira a los alrededores. Se queda pensativo y…)

MANCUSO; ¿Este es… su despacho?

PROFESOR; ¡Si! Y estoy hablando Con Javier y su madre, acerca de las notas y… de otras cosas.

JAVIER; ¡Hola Mancuso!

MANCUSO; Hola muchacho. A ti, te quería ver. Bueno… pero ya hablaremos. Ahora… debo buscar mi despacho, que entre tantas puertas y pasillos… me pierdo.

PROFESOR; Hoy has vuelto a venir tarde a tus clases.

MANCUSO; ¿Tarde? Cinco minutos de retraso. Y solo ha sido en la primera clase de la mañana y en la primera de la tarde.

PROFESOR; ¿Por? ¿A que es debido,ese retraso?

MANCUSO; ¿Es necesario responderte ahora, delante de… Javier y su madre?

PROFESOR; (Pausa) Bueno… es verdad. Luego… hablamos.

MANCUSO; luego no sé si podré. Tengo clase. Y además, tengo cosas más importantes que hacerm que darte explicaciones.

PROFESOR; Pero Mancuso…

MANCUSO; Pero aun así, te los daré, porque… no quiero dejarte en mal lugar delante de Javier y de su madre.

PROFESOR; ¿Y porque razón, me ibas a dejar en mla lugar? **(Sonríe y se ríe)**

MANCUSO; Porque si me voy sin decirte nada, a lo mejor, pensarían que nos llevamos mal, o que siento indiferencia profesional hacia ti. O que careces de personalidad. Y no es así. ¿No? **(Pausa)** Tu y yo, no nos llevamos mal, aunque… bien tampoco. No siento indiferencia hacia ti, aunque… su personalidad… deja mucho que desear.

PROFESOR; ¿Qué? Mancuso…

MANCUSO; La razón de llegar con retraso, es que he estado en la estación del tren.

PROFESOR; ¿En la estación del tren?

MANCUSO; Si, todos los días voy a la estación del tren.

PROFESOR; ¿Por qué? ¿Para que?

MANCUSO; Para ver la vida pasar. Y eso, me quita mucho tiempo.

(Pausa. La madre y el profesor se quedan atónitos, mirándole boquiabiertos. Segundos después…)

PROFESOR; ¿Para ver… la vida pasar?

MANCUSO; Si. La vida es como una estación del tren. ¿Lo sabíais?

JAVIER; ¡Yo, si!

(Pausa. El profesor y la madre, miran atónitos a Javier, mientras que Mancuso sonríe y le guiña un ojo a Javier. Segundos después…)

MADRE; Déjeme decirle, que usted como profesor, deja mucho que desear.

MANCUSO; ¿Por qué me dice eso? Si no me conoce. **(Pausa. Sonríe)** Pero… es verdad. Dejo mucho que desear en muchas cosas. **(Pausa. Sonríe)** Bueno… ¿Qué tal javi? ¿Todo bien?

JAVIER; Si. **(Sonríe)**

MADRE; Sacas cinco suspensos… ¿Y dices que todo bien?

MANCUSO; ¡Mujer, no hay que dramatizar por cinco suspensos?

PROFESOR; ¿Ah, no?

MANCUSO; ¡Pues no! Dramático es dejarse las llaves en casa y que tu pareja se haya ido de vacaciones. **(Pausa)** Siete días durmiendo en casa de Miranda.

PROFESOR; ¿En casa de Miranda? **(Pausa)** Miranda es la de recepción e información. **(Pausa)** ¿Estuviste…?

MANCUSO; Pues si. Estuve durmiendo en su casa… siete días, ni más ni menos. Una casa repleta de gatas. Todas las noches, las gatas montaban su akelarre particular. Maullido por aquí, maullido por allá… entre otras cosas. **(Pausa)** Bueno, vayamos al grano. Javi ha sacado cinco suspensos y los tiene que recuperar, pero no hay que hacer ningún drama. Porque los recuperara. Si no es dentro de dos meses serán dentro de cuatro. Pero los recuperará. ¿Verdad, javi?

JAVIER; Si. **(sonríe)**

MANCUSO; Pero los recuperará con ayuda de todos. Sin agobiarle, sin pedirle esfuerzos sobrehumanos. Entre todos, con paciencia, tenemos que ayudarle para que recupere matemáticas, físca y tecnologia.

MADRE; ¿Y religión e inglés?

MANCUSO; (se ríe) Esas asignaturas, no valen para nada para niños que no creen en las mentiras de la religión ni en los que, no ven un idioma extranjero, prioritario en sus vidas. Esto no quiero decir, que la asignatura de ingés no sea importante. Los idiomas son importantes cuando realmente necesitas aprender el idioma. Pero hablaré con la profesora de inglés y le diré que haga el favor, de hablar en castellano a sus alumnos. Ahora… os voy a enseñar unas cosas.

(Pausa larga. Mancuso le guiña un ojo a Javier, segundos después, abre la carpeta, y saca unos dibujos. Acto seguido…)

JAVIER; ¡Son mis dibujos!

MANCUSO; Así es. Son tus maravillosos dibujos. Por eso te buscaba.

MADRE; Estre niño, se pasa todo el día dibujando, recitando frases de películas…

MANCUSO; Este niño es un artista.

MADRE; ¿Qué? Pero…

MANCUSO; ¿Ha visto los dibujos que hace su hijo?

MADRE; No. Bueno, me he fijado que dibuja mucho pero…

MANCUSO; Se ha fijado que su hijo dibuja mucho pero no ha visto ningún dibujo suyo. ¿No? **(Pausa)** ¿Y tu? **(Pregunta al profesor)**

PROFESOR;(Pausa) No. Pero… te estás desviando del tema.

MANCUSO; El que está totalmente desviado del tema eres tu, que no te enteras profesor Contreras.

PROFESOR; ¿Qué?

MANCUSO; Observen bien estos dibujos.

(Pausa. Mancuso les enseña bien los dibujos de Javier. A los pocos segundos…)

MANCUSO; ¿Qué les parece? ¿No son extraordinarios?

(Pausa. El profesor y la madre de Javier, observan bien los dibujos. Segundos después…)

MADRE; Pues son.. son muy bonitos.

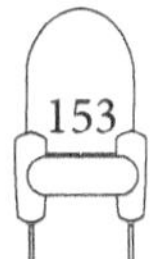

PROFESOR; La verdad es que… son muy bonitos. Si.

MADRE; ¿Los has hecho tu Javier?

JAVIER; ¡Pues claro! En la asignatura de dibujo, siempre saco un diez. ¿Por qué no te fijas en eso?

(Pausa. La madre no sabe que contestar. Segundos después…)

MANCUSO; ¿Por qué no se fija en eso? Que manía tienen la gente en fijarse en lo malo, en lo negativo. ¿Acaso la asignatura de dibujo no es importante? ¿Es menos importante que las matemáticas o el inglés? Señora, tiene ante usted un gran dibujante. Dibuja como un profesional.

MADRE; ¿Si?

MANCUSO; ¡Pues claro! A Javier, le encanta el teatro y todo lo artístico. Pero sobre todo, le gusta dibujar. ¿Sabe lo que debería hacer?

MADRE; No. ¿Qué?

MANCUSO; Primero apuntarle a teatro. ¿Te gustaría hacer un curso de teatro Javier?

JAVIER; ¡Si! ¿Me apuntarás mamá?

PROFESOR; ¿A teatro? Mancuso, lo que tiene que hacer, es apuntarle a una academia de inglés y…

MANCUSO; ¡Que no te enterás Contreras! Este chico necesita hacer teatro y dibujar. El teatro, le servirá para deshibiese, quitar la timidez y la

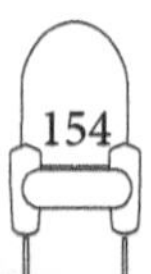

inseguridad que pueda arrastrar en su foro interno. Por otro lado, disfrutará, hará nuevos amigos, aprenderá a proyectar la voz, a tener fe en si mismo, a tener presencia escénica y a sacar el actor que lleva dentro.

Quien sabe… a lo mejor tenemos un actorazo enfrente nuestro. **(Pausa. Le guiña un ojo a Javier)** Por otro lado, está el dibujo. Hay que reforzar los positivo. Hay que reforzar y hacer que mejore en lo que va bien. En la asignatura de dibujo es el mejor. Dibuja casi como un profesional.

JAVIER; A mi me gusta dibujar personajes de comic, paisajes, murales… todo.

MANCUSO; Pues para eso hay que trabajar mucho. Estudiar y esforzarse todos los días. Las cosas, los sueños se consiguen trabajando, luchando, estudiando, esforzándote al cien por cien, dando lo mejor de ti mismo. Si tu quieres, puedes ser un gran dibujante de comics. Pero para eso hay que trabajar duro y esforzarse mucho todos los días. Y tendrás que hacer sacrificios como… no salir con los amigos con tanta asiduidad. ¿Estás dispuesto hacer ese esfuerzo? ¿Ese sacrificio?

JAVIER; Si.

MADRE; ¿Si? **(Sorprendida)**

MANCUSO; ¿Si? ¿Estás dispuesto a sacrificarte por tus sueños?

JAVIER; ¡Si!

MANCUSO; ¿Ha oído mamá? ¿Qué piensa hacer al respecto?

MADRE; Pues… apuntarle a teatro… y… a una academia de dibujo.

MANCUSO; Eso es. Hay que poner la semilla, para sembrar y que luego, dé sus frutos. Él, ya se irá amoldando con el tiempo, al tipo de persona y artista que quiere ser. Pero primero, hay que poner las bases para que javi, tenga un porvenir que le de felicidad.

PROFESOR; Si, todo eso, está muy bien. Muy bonito. Pero… ¿Qué pasa con las asignaturas que ha suspendido?

MANCUSO; ¿Qué pasa? ¿Pasa algo?

PROFESOR; ¡Las tiene que recuperar!

MANCUSO; Y las recuperará. No te preocupes. Pero a su ritmo. Incluso el de religión. **(Se ríe. Pausa)** Muchas veces, no nos fijamos en las virtudes o destrezas de los más jóvenes. Todos tenemos un don. Un don que tenemos que sacarle partido durante la vida… si o si. Ese don lo adquirimos y lo vamos mejorando con el paso del tiempo. Pero… si le restamos importancia o menospreciamos ese don… al final, lo que hacemos es quitarle la oportunidad de sentirse especial a esa persona.

Tenemos que hacerle brillar a esa persona. **(Pausa)** La vida es un proceso de crecimiento y desarrollo personal. Vamos aprendiendo todos los días. Ahora usted, es el foco de Javier. Ilumine su camino, haga que brille.

MADRE; (Pausa) Eso haré.

MANCUSO; Me alegro. Y lo celebro. Y tu javi, recupera esas asignaturas. No te agobies pero… recupéralas. ¿Vale?

JAVIER; Si.

PROFESOR; Yo te puedo ayudar con las asignaturas. Al fin y al cabo, son mis materias y soy el responsable. Me gustaría que vinieras un día a la semana a recibir una clase particular. Te lo daría yo, en mi despacho. Y te prometo que tendré paciencia. Mucha paciencia. ¿Vale? **(Sonríe)**

JAVIER; Si.

MANCUSO; Perfecto. ¡Genial! Ahora, con vuestro permiso… me voy a ver la vida pasar. Una estación de tren, contiene el principio y final de… muchas cosas.

(Los focos se van apagando paulatinamente hasta quedar, totalmente a oscuras.)

FIN DE LA OBRA

ANÁLISIS DE LA 4 OBRA

¿Qué te ha parecido la obra? Graciosa, cómica, surrealista pero llena de cordura y reflexión. ¿Verdad?

Pues así es la vida. Graciosa, cómica, surrealista pero llenos de cordura y de puntos de reflexión.

Una vez más, el profesor Mancuso, sentando cátedra y dando una lección magistral de crecimiento personal al respetable.

Los estudios son muy importantes. Aprender es muy importante. Pero saber lo que estás aprendiendo y saber lo que realmente te llena y que le vas a sacar partido, es lo más importante. Tan importante como ser una buena persona o tener fe en uno mismo.

Hay muchos/as insatisfechos con sus carreras universitarias. Porque realmente no era lo que querían estudiar.

No era la carrera que querían o necesitaban. Incluso muchos/as hacen una carrera por hacer y otros tienen carreras que no les motiva ni lo más mínimo.

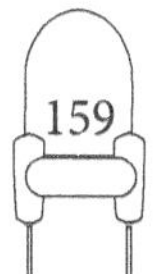

Entonces… ¿Por qué hacían esa carrera? La respuesta es muy facil.

Por el que dirán, por decir que tienen una carrera universitaria y por contentar a la familia.

Hay muchos/as medicos y abogados que lo son, solamente por contentar a sus familiares. ¿Eso es normal? Pues claro, que no.

Pero bueno, tampoco es normal la educación formativa que existe (al menos en España). Falta motivación, interes. A los/as alumnos/as se les enseña… a aprobar el examen.

Lo que tienen que hacer los docentes, es… en vez aprobar, enseñarles a probar su asignatura si les gusta o no. Y así, harían un trabajo muy bueno, cada uno de si mismo, un trabajo de desarrollo personal.

No se les motiva con la materia, no se les ayuda a que se motiven con la asignatura y se les trata como automatas.

Y eso es, lo que están fomentando. Están creando automatas para el futuro. Personas sin motivación, sin perspectiva de la vida… sin un propósito de vida.

En vez de indagar en el/la alumno/a, investigar y descubrir lo que realmente le gusta y le motiva… dejan que se marchite, el ingenio que llevan dentro.

Todos, absolutamente todos, tenemos un don. Algunos/as coser, otros/as, cocinar, escribir, bailar, interpretar, cantar, tocar algún instrumento, hacer manualidades… etc.

Lo que tenemos que hacer, es sacar a la luz ese don. Disfrutar de ese don y que disfruten los demás de tu don.

¿Cómo?

Utilizándolo como propósito de vida. Nuestro don es un arma muy potente, y debemos utilizarla con fines de propósito de vida.

En la sociedad, en el mundo, hay miles de personas que son excelentes y sorprendentes chef, escritores/as, actores, actrices, bailarines, ceramistas… etc, que están trabajando en cosas que no les gustan, que no les motiva.

La motivación, también ha sido uno de los temas de la obra teatral. Que importante es la motivación. Tanto en el docente como en el/la alumno/a. Porque sin motivación… no hay ilusión. Y sin motivación ni ilusión… no hay nada. Ni tan siquiera sueños.

Hoy en día, hay una gran falta de motivción en la docencia. Quizás, porque el sistema de la educación está obsoleta y no motiva al docente.

Quizás porque el docente esté obsoleto y no esté motivado ni ilusionado por su oficio. Y desde luego, si no estás motivado ni lusionado en tu trabajo… no tienes nada que hacer. Bueno si, irte. Largarte.

Porque trabajar sin ilusión ni motivación… al final quema mucho. Hay miles de personas quemadas en el mundo laboral.

¿Y porque continuan en ese puesto?

Pues… por decir que tienen trabajo, por miedo a estar sin trabajo, por tener algo o por sobrevivir en la vida. Es muy triste vivir así.

Y todo producto del miedo. ¿Y el miedo donde está instalado? En la mente.

Miedo y mente, siempre van de la mano. Y son como un virus, que se meten por los oidos, por los ojos… y para eso, no existe medicación. Solo existe capacidad de reacción.

Es decir, capacidad para oír la voz de tu alma. Por eso mismo, os recomiendo que leaís "**LA VOZ DE TU ALMA**" de Laín García Calvo. Revolucionará tu alma.

En fin… lo que tengo claro, es que la misión u objetivo del docente, es la de descubrir el don especial de su alumno/a. Y una vez descubierto ese don especial, hacerle hincapie, ayudarle y animarle a que de rienda suelta a su don especial.

Solo así, conseguiremos crear una sociedad autónoma, dependiente de si mismo, apasionada, segura de si misma, con fe y motivada al cien por cien.

Trabajando ese don, se consigue realizar y proyectar el propósito de vida. Y un propósito de vida, no es solo trabajar y ganar dinero sino que tu trabajo ayude a los demás.

Tu oficio debe servir para ayudar a los demás en lo que sea, sobre todo para que sean mejores personas.

Todos tenemos una luz. Tenemos más luz que oscuridad. Lo que pasa, es que algunos/as le da más prioridad a la oscuridad que a la luz. Incluso algunos viven en tiniéblas y lo peor, es que, se encuentran muy a gusto, muy cómodos en la oscuridad.

¿Y sabes lo que es la oscuridad?

Pues... la zona de confort, ni más ni menos. Pero todo esto más, te hablaré en el siguiente capítulo. ¡Sigue la luz!

EL FARO

En algún anterior capítulo, ya he comentado que la vida es como un andén. Como una estación de tren, en el que te sientas en algún banco del andén y ves los trenes, ves… la vida pasar.

Tenemos elegir el tren, elegir el vagón… ¡Y a por todas!

En la vida hay muchás vías, muchos railes, pero hay que hacer caso a tu instinto y elegir la vía que te esté susurrando el alma.

Empezamos a caminar por la vía, llena de piedras y estamos temerosos porque no vemos la luz. Vemos bruma, niebla… pero a medida que vamos avanzando… la niebla se va disipando.

Al final… vemos el cielo con nubes, Claros… y con unos rayos de sol impresionantes.

A medida que vamos avanzando por la vía… vemos, observamos que la vía, la guía una luz que proviene del cielo.

Si seguimos por la vía, por el camino que nos indica nuestro instinto… siguiendo los rayos de luz… llegamos a nuestros objetivo.

Y nuestro objetivo, no es otro que… cumplir nuestros sueño o sueños. ¿No es así? Y naturalmente, continuar hasta el final con nuestro propósito de vida.

Esa luz que debemos seguir… yo lo llamo el faro. ¿Cuál es, el cometido de un faro?

Iluminar y guiar a los barcos pesquéros (y a otros barcos, claro) para que vayan por el buen camino. ¿No es cierto?

Y les guía entre la niebla, la bruma, la oscuridad, las tinieblas.

Pues déjame decirte que todos tenemos un faro que nos guía. Puede ser nuestro ángel de la guarda o quien sabe. Pero lo cierto, es que debemos seguir el camino que nos marca la luz.

Independientemente, que sea nuestro ángel de la guarda o no, yo prefiero pensar que esa luz proviene de nuestra alma, y nos va marcando el terreno, el camino.

Todos tenemos una luz impresionante. Y la tenemos que sacar a pasear siempre. Por eso es muy importante, el estar con personas que nos hagan brillan.

Personas que emiten luz. Y esa luz se entiende como sonrisa, miradas, positivismo… buen rollo, sinceridad, amor, apoyo, abrazos, ayuda… etc.

Nuestra luz, no solo debe ser para guiarnos por nuestro camino, sino para guiar a los demás también.

Debemos ser la luz del faro para los demás. Para los que estén dubitativos, miedosos, confusos… etc. Mo darles todo hecho pero ayudarles, guiarles.

Para tener una buena luz interior, debes rodearte de personas con luz, que sean faros. Estáte con personas que tu alma sea afin a ellas. Lo notarás, sentirás y percibirás quien es afín a tu alma y quien no.

Cuando camines, camina junto a los/as soñadores/as, a los/as que confían, a los/as que tienen coraje, a los/as alegres, a los/as que hacen planes, a los/as que actuan.

Todos aquellos que tienen la cabeza en las nubes pero los pies en la tierra. Deja que su espiritu encienda tu fuego interno, para que entonces puedas también dejar el mundo mejor de lo que lo encontraste.

Bruce Lee dijo; "Sé agua, amigo". Yo te digo;

Se luz. Escucha a tu alma. Con este consejo o frase, despido este capítulo. En el siguiente capítulo, te daré unos consejos más antes de ir a por la quinta micro historia.

CONSEJOS PARA UNA BUENA VIDA

Dentro de los consejos, para una buena vida, podría estar el beber buen vino, fumar un buen Cohiba o Montecristo, comer buena comida (no grasienta) y viajar.

Si, eso es tener una buena vida. Pero también lo es… el ir al monte, apapachar (abrazar, mimar) árboles, caminar descalzo por la orilla del mar o sentir la hierba del monte bajo tus pies.

Sentarte o tumbarte en la hierba o en la fina arena de la playa, mirar al horizonte o a las figuras que crean las nubes… y suspirar. Suspirar y soñar.

Eso es buena vida. Pero también lo es… no tener preocupaciones, estar tranquilo/a, estar a gusto con uno/a mismo/a, tener la conciencia tranquila, estar en contacto con tu alma y estar bien iluminado por dentro.

Somos luz, somos energía. Somos pura pasión y nos movemos por ilusión y motivación. Si carecemos de ilusión y motivación…

¿Qué nos queda? Nada, no nos queda nada.

Pero para tener una buena vida, nos tenemos que deshacer de lo que no nos sirve. En nuestro interior tenemos un viejo baúl lleno de… miedo, inseguridad, frustración, confusión, incertidumbre… y una buena pizca de melancolía social.

¿Y que hay que hacer, para que todo eso desaparezca? Batirlo.

Imaginarnos una batidora. Habría que batir con todas nuestras fuerzas, que desaparezca del todo. Hasta los grumitos.

Si, ya sé que no es tan facil pero una vez que tiras a la basura los miedos, las inseguridades y todas esas…. mierdas (con perdón) que solo sirven para confundir al cerebro… te sientes mucho mejor. Como nuevo.

Pero claro, antes de tirar la morralla que tenemos en nuestra mente y en nuestro interior, debemos…. hacer lo siguiente;

Suelta lo que te pesa, tira el lastre. Ama lo que tienes. Seguro que no lo valoras lo suficiente. Agradece lo que te llega.

De esta manera, cogerás las riendas de tu vida. Y cuando decidas coger las riendas de tu vida, verás que…. es increíble.

En el siguiente capítulo, te contaré la quinta y última micro historia de la vida. ¡Te espero!

NUBES DE OTOÑO
(MICRO HISTORIA)

PERSONAJES;

María

Héctor

SINOPSIS;

Un día cualquiera de otoño, un parque solitario repleto de hojas y melancolía. Y de repente… dos extraños.

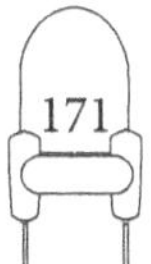

Dos personas diferentes, contemplando el otoño bañado en hojas. Buscando y esperando lo mismo. Relacionarse y sentirse querido.

Una obra de mucha reflexíon y mucho humor, que pone broche de oro a **"MICRO HISTORIAS DE LA VIDA"** y a su vez, pone fin a la trilogía del **"ESCENARIO DE LA VIDA"**.

NUBES DE OTOÑO

(Los focos iluminan el escenario. Sobre el escenario hay un banco y hojas secas por el suelo, alrededor del banco y en el banco.

Es otoño pero aun así, se puede escuchar de fondo el sonido del cantar de los pájaros. De repente, aparece una mujer.)

María entra a escena;

(María, es una mujer de cuarenta y tres años. Va con un vestido rojo y lleno de flores pero encima lleva un abrigo. Lleva unos zapatos de tacón ancho.

Lleva pelo largo pero algo recogido. En la solapa del abrigo lleva una rosa. En una mano lleva un pequeño bolso.

Cuando llega a la altura del banco, mira a los alrededores, mira el banco… saca de su bolso un amplio pañuelo y lo pone sobre el banco. Acto seguido, se sienta en el banco. Nada más sentarse, suspira y se queda hipnotizada mirando el horizonte.

A los pocos segundos, se empieza a doler de los pies y de uno en concreto. A los pocos segundos,

se quita el zapato y se empieza a masajear el pie, haciendo gestos de gusto y de alivio.

Medio minuto después, de repente aparece un hombre, se llama Héctor.)

HÉCTOR entra a escena;

(Héctor tiene cuarenta y ocho años. Viste de manera curiosa. Lleva unos pantalones cómodos, unas zapatillas, una camisa y una vieja americana de pana.

Lleva bigote y barba, el pelo corto. ¡Ah! Y un gorro de pesca.

María no se ha percatado de la presencia de Héctor. Héctor, se aproxima al banco, observa a María, sonríe y a los pocos segundos se sienta en el banco, cerca de ella.

Esa acción, le coge de sorpresa a María, que suelta de inmediato el pie que estaba masajeando, le mira con extrañeza y acto seguido, se distancia unos centímetros de Héctor. Segundos después...)

HÉCTOR; ¡Buenas tardes!

(María le mira y le saluda con una tímida sonrisa. Apenas, le dice "Buenas tardes". Es un gesto de pura amabilidad pero que dura dos segundos. Después de esos dos segundos, vuelve a mirar al horizonte.

Héctor mira a los alrededores, mira el piede María que no lleva zapato y segundos después...)

HÉCTOR; Por mi, puede seguir masajeandose el pie eh. No me importa.

(Pausa. María le mira, le hace un gesto de gratitud pero enseguida vuelve a mirar hacia el horizonte. A los pocos segundos…)

HÉCTOR; ¿Le duele el pie?

MARÍA; (Pausa) No, ya no.

HÉCTOR; Soy podólogo y masajista.

MARÍA; Ah ,vale. Yo cajera y administrativa.

HÉCTOR; ¿Y de donde saca el tiempo para venir al parque?

MARÍA; (Suspira) Hoy es mía día libre.

HÉCTOR; Perdón, si le he molestado eh. **(Pausa)** El otoño es maravilloso. Las hojas, la sensación de melancolía entremezclada con nostalgia y belleza. ¿No le parece?

(Pausa larga. María suspira y mira a los alrededores. Héctor, observa las nubes. A los pocos segundos, mira a María y…)

HÉCTOR; ¿Se ha fijado en las nubes?

MARÍA; (Pausa. Le mira y…) No.

HÉCTOR; Son maravillosas. Tienen formas diferentes, creando figuras. **(Pausa)** ¡Mire! ¡Un tiburón!

MARÍA; ¿Qué? **(asustada)**

HÉCTOR; Un tiburón.

(Pausa. Héctor, le señala con el dedo la nubes. María mira hacia donde está el dedo. Segundos después…)

HÉCTOR; ¿No lo ve?

MARÍA; No.

HÉCTOR; Pues eso es, porque su mente no le deja verlo.

MARÍA; (Pausa) Mire caballero…

HÉCTOR; ¡Mire! ¡Y ahí, hay un delfín, ahí una flor y ahí… yo creo que… un corazón atrofiado. ¿Usted que cree?

MARÍA; (Pausa. Mira hacia arriba) Yo solo veo nubes.

(Pausa. María vuelve a mirar al horizonte y de vez en cuando a los alrededores. A los pocos segundos…)

HÉCTOR; ¿Solo nubes? Desde luego… que poca vista tiene usted. **(Pausa)** Oiga, pongáse el zapato, no vaya ser que se le enfríe el pie. Seguro que ya se le había olvidado que tenía un pie al aire.

(Pausa larga. María le mira con cara de pocos amigos y se pone el zapato. Al ponérselo, pone gesto de dolor. Acto seguido…)

HÉCTOR; ¿Le duele?

(Pausa larga. María no le hace caso. Mira a los alrededores. A los pocos segundos, saca su movil, mira la hora… se dispone a llamar a alguien. María se queda mirando el móvil. Segundos después…)

HÉCTOR; ¿Ha quedado con alguien?

(Pausa larga. María no le dice nada y vuelve a mirar a los alrededores. A los pocos segundos se levanta, mira de nuevo a los alrededores, da unos pasos, como si quisiera caminar, Segundos después…)

HÉCTOR; Ha quedado con alguien… y no ha venido. ¿No? Por la rosa que lleva en la solapa…. Intuyo que era, una de esas citas a ciegas… misteriosas. ¿No? **(Pausa)** No se irrite, no merece la pena. No es una tragedia. **(Pausa)** Tragedia es lo que está pasando en Palestina, en el Sahara, en Siria… en África… con los gobiernos viéndolas venir, bien cómodos en sus sofás.

(Pausa larga. María comienza a deambular de un lado a otro, paseos largos. Paseos a paso lígero. Mira a los alrededores, mira su móvil, se desespera. A los pocos segundos, se vuelve a sentar en el banco y se vuelve a que quejar del pie)

HÉCTOR; ¿Quiere que le de un masaje?

MARÍA; ¡No! ¡Quiero que me deje tranquila!

HÉCTOR; Irritándose no va a conseguir nada. No ha venido y punto. Disfrute del momento.

MARÍA; (Pausa) ¿Qué? ¿Qué disfrute del momento? Me han dejado plantada…¿Y me dice que disfrute del momento?

HÉCTOR; Si.

MARÍA; O sea… ¿Tengo que disfrutar de un plantón monumental?

HÉCTOR; Del plantón no, pero del momento si. **(Pausa)** Observe, mire lo que hay a su alrededor.

MARÍA; (Pausa) Hojas, árboles y nubes. ¡Ah! Y usted.

HÉCTOR; ¿Y le parece poco? ¿Le parece insuficiente para disfrutar?

MARÍA; Pues si. Porque he quedado con un hombre y me ha dejado plantada.

HÉCTOR; Está claro, que no estás observando con los ojos del alma sino con los de la mente.

MARÍA; (Pausa) ¿Qué?

HÉCTOR; Vengo de lunes a viernes. A las mañanas y a las tardes. En otoño y en primavera. En invierno

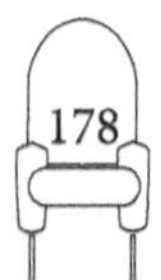

no, porque hace frío y llueve mucho. Y en verano tampoco, porque en esta zona pega y calienta mucho el sol. Y siempre me siento en este banco.

MARÍA; ¿En este? ¿Justo en este?

HÉCTOR; Si. Has tenido buen ojo.

MARÍA; Vaya por dios, que casualidad.

HÉCTOR; Casualidad no, causalidad.

MARÍA; (Pausa) ¿Cómo? **(Pausa)** Oye, tu… tu eres un poco rarito. ¿No?

HÉCTOR; Si, lo soy. Bastante además. Siempre voy a contracorriente. Siempre me he sentido diferente a los demás. Siempre me he sentido una oveja negra, dentro de un rebaño de ovejas blancas.

MARÍA; (Pausa) Bueno… pues me voy.

HÉCTOR; A lo mejor, soy yo, tu cita misteriosa.

MARÍA; (Pausa) ¿Qué? ¿Tu? **(Se ríe)**

HÉCTOR; Si tu estás y yo estoy aquí… por algo será. ¿No?

MARÍA; Si… tu aquí, yo aquí… y el árbol allá y las nubes arriba. Pero eso no quiere decir nada. ¿Vale?

HÉCTOR; Las casualidades no existen en la vida, pero si las causalidades.

MARÍA; Mira chico, no te entiendo nada. No sé si me estás vacilando, si te has escapado de un centro de salud mental… o que.

HÉCTOR; Bueno, algo loco si que estoy. No lo voy a negar. Es una locura muy cuerda. Pero soy feliz. ¿Sabes porque? Porque disfruto de las pequeñas cosas, de los pequeños detalles de la vida. Como por ejemplo… de este momento. Las hojas, el olor a otoño, las nubes de figuras abstractas… ese olor a lluvia otoñal. Y cuando sale el sol, iluminan las hojas otoñales. Los árboles desnudos, mostrando su intimidad más natural. **(Pausa)** Me encantan las nubes. Yo veo nubes… y me emociono de tanta belleza.

MARÍA; Chico, pues yo veo nubes… y saco el paraguas de inmediato.

HÉCTOR; Eso es, porque piensas siempre en lo peor. Te dejas embaucar por tu mente. Tus creencias, no te dejan ver la realidad.

MARÍA; La realidad es que me han dejado plantada. Y eso, no tiene nada que ver con mis creencias ni con las creencias.

HÉCTOR; La realidad es que, tu tenías una cita hoy. ¿Con un hombre o una mujer?

MARÍA; **(Pausa)** Un hombre. ¿Y?

HÉCTOR; Yo… salvo que alguien demuestre lo contrario… soy un hombre.

MARÍA; Si, pero… tu no eres mi cita. Yo miro, la foto del móvil… y te puedo asegurar que tu no eres, mi cita misteriosa.

HÉCTOR; Pues, yo te puedo asegurar, que salvo sorpresa monumental… el chico de la foto del móvil, no va aparecer.

MARÍA; **(Pausa)** ¡Ey! A lo mejor… si… eres tu y me has mandado esta foto.

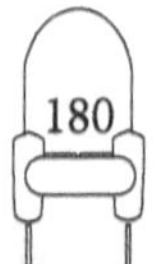

HÉCTOR; ¿Y porque, te iba a mandar yo, una foto que no soy yo? ¿Qué lógica tiene?

MARÍA; Lógica ninguna, pero por desgracia es muy habitual. Hoy en día, en las redes sociales y en los chat de contactos de buscar pareja… es habitual poner fotos falsas.

HÉCTOR; Pues que triste. ¿No?

MARÍA; Pues si. La falsedad y la hipocresía está de moda.

HÉCTOR; La falsedad y la hipocresía, están dentro del rebaño de las ovejas blancas. Y sin duda… las redes sociales…. Es un lugar de muchas ovejas blancas. ¡Hay que ser oveja negra! Como te llamas.

MARÍA; (Pausa) MARÍA.

(Pausa. Héctor se levanta, se dirige hacia ella, le ofrece la mano para estrechársela y…)

HÉCTOR; Yo, me llamo Héctor. Encantado.

(Pausa. María se lo piensa pero a los pocos segundos, le estrecha la mano a Héctor.)

MARÍA; No te llamarás José Andrés, y… te estás pasando por Héctor. ¿No?

HÉCTOR; No, María. Yo no hago esas tonterías. Yo no soy una oveja blanca.

MARÍA; Eres más raro que una vaca azul.

HÉCTOR; Lo sé. Por eso, soy una oveja negra. Y tu también puedes serlo.

MARÍA; ¿Yo? ¿Y para que quiero ser una oveja negra?

HÉCTOR; Para no ser una oveja blanca. **(Pausa)** Mira, te invito a que demos un paseo por el parque, contemplando las hojas, las nubes, los árboles… el otoño. Y mientras paseamos, hablamos… te explico los secretos del otoño, de las nubes otoñales. Y te cuento la estrategia para ser una oveja negra. ¿Vale?

MARÍA; (Pausa) No se yo…

HÉCTOR; Yo si, que sé. Nos hemos encontrado por alguna razón. Todo ocurre por algo. Nos teniamos que encontrar y conocernos… para que posteriormente, suceda algo.

MARÍA; ¿Y que va a suceder?

HÉCTOR; Dejemos que las cosas… fluyan a sus anchas. Que el universo decida. ¿Te duele el pie? ¿Puedes andar?

MARÍA; Si. **(Pausa)** A lo mejor… tu eras mi cita. La verdad es que la vida… es muy caprichosa.

(Héctor y María comienzan a caminar. Se alejan del banco y acto seguido, los focos se van apagándose paulatinamente.)

FIN DE LA OBRA

ANÁLISIS DE LA 5 OBRA

Creo que ha sido la micro historia más corta del libro. Pero no está exenta de reflexión y humor.

Dos personas extrañas, dos personas que se conocen en un parque con aroma otoñal.

Una de ellas busca el amor en alguien que no conoce y la otra persona, simplemente está disfrutando del momento.

Tenemos que valorar todo lo que nos rodea. Valorar todo lo que hay a tu alcance y a tu alrededor. El ser humano, solo se fija en lo material. En lo que tienen los demás. Pero no se fija en lo que tiene.

Queremos lo que tienen los demás pero menospreciamos lo que tenemos nosotros.

Vamos a una tienda de ropa, vemos el maniquí con la ropa puesta... ¡Y nos encanta! ¡Nos encanta un maniquí!

Pero luego, nos probamos la ropa que lleva el maniquí, nos miramos al espejo y... ¿Qué pasa? Que no nos gusta lo que vemos.

Lo mismo pasa, cuando vamos a una peluquería. Vemos las fotos y nos encanta el corte de pelo del/a chico/a de la foto. Nos hacen el mismo corte de pelo o peinado… ¿Y que pasa? ¡Que no nos gusta!

La realidad es que, nos gusta todo menos lo nuestro. Nos gusta todo… menos nosotros/as mismos/as.

María buscaba algo (alguien) que ya tenía en su interior, pero su mente no se lo dejaba ver. Y tuvo la suerte de encontrarse con Héctor. Y no fue casualidad, sino… causalidad.

Bajo las nubes otoñales, sobre un manto de hojas y con un hermoso parque como fondo… María y Héctor se conocieron. Y de ahí surgió una amistad.

Una oveja blanca y una oveja negra. ¿Son compatibles? ¡Pus claro que si! Todo el mundo puede cambiar. Hasta la oveja más blanca del rebaño puede cambiar.

A todos nos gusta que nos abracen, que nos den mimos, que nos quieran… pero lo que no debemos hacer jamás, es… buscar lo que ya tenemos en otros sitios, en otras personas.

¡NO BUSQUES, LO QUE YA TIENES! ¡BÚSCALO EN TU INTERIOR!

En el próximo capítulo, te hablaré del **Ho ´oponopono**. ¡Te resultará muy interesante!

HO'OPONOPONO

Es un tema muy interesante y que me hubiera gustado hablar en los anteriores libros de la trilogía, pero creo que, como estamos llegando al final del libro, pues creo que sería muy interesante explicarte en que consiste esta técnica

¿Qué es exáctamente?

El Ho´oponopono, es una tradición hawaiana dirigida a la resolución de los problemas interpersonales.

Se basa en la reconciliación y en el perdón. Es similar a otras tradiciones presentes en culturas distribuidas por las islas del pacifico sur.

Cuando esta técnica, se utiliza correctamente y consistentemente, produce dos efectos.

El primer efecto, es un sentido de calma y relajación muy importante, Ya que, si se hace correctamente, el resultado será muy valioso y de una absoluta relajación.

Pero no se limita a una mera relajación. También mejora la experiencia de vida, te hace ser más

consciente de lo que ocurre a tu alrededor y de lo que ha ocurrido.

Elimina los problemas de tu mente y los reemplaza por una vida mejor.

Los efectos del ho´oponopono, se desarrollan con el tiempo. Paciencia y confianza son dos pilares importantes. Es una técnica de resolución de problemas y conflictos a nivel interior.

El ho´oponopono, nos enseña a borrar nuestros problemas. Podemos aprender a dejar ir y permitir que esa parte de nosotros, que sabe lo que es correcto y perfecto para nosotros, pueda resolver nuestros problemas.

Como bien sabes, **la ley de la atracción, nos enseña que nuestros pensamientos, crean nuestra realidad. Metafísica**.

Pero…¿Sabías que el 90% de tus pensamientos son inconscientes?

El ho´oponopono, té ayuda a limpiar los pensamientos inconscientes que impiden nuestro éxito.

Y descubrirás como….;

Encuentras tu propósito de vida y claridad para tener éxito.

Te mantiene abierto y fléxible para recibir las soluciones ideales a través de la inspiración.

Borra los programas negativos que afectan a tus planes, objetivos, decisiones y resultados.

¿Cómo se aplica la técnica?

En estas imágenes, con sus escritos, lo verás. Al fin y al cabo, es una oración. Es orar. Orar sin parar. Orando sanando… y al mismo tiempo decretando.

Y después de orar… se dice; **LO SIENTO, PERDÓN, GRACIAS, TE AMO.**

Está es la oración más poderosa en

Ho'oponopono

"Divino Creador, padre, madre, hijo todos como Uno... si yo, mi familia, mis parientes y antepasados te hemos ofendido, a tu familia, parientes y antepasados en pensamientos, palabras, hechos y acciones desde el inicio de nuestra creación hasta el presente, nosotros pedimos tu perdón... humildemente pedimos tu perdón. Deja que esto limpie, purifique, libere, corte todos las memorias, bloqueos, energías y vibraciones negativas, y transmuta estas energías indeseables en pura luz... Así está hecho..."

Ahora ya sabes, lo que es y en consiste el ho ´oponopono. Quizás, este capítulo lo tendría que haber puesto en el libro del "**VIDA DORADA**". Pero… lo pongo ahora. Más tarde que nunca. ¿No?

En el siguiente capítulo, te regalaré un nuevo cuento. Un bis. Como en los conciertos. ¿Qué te parece?

El cuento de un joven que se quiere comer el mundo, pero… resulta que el mundo se lo está devorando a él. Es u cuento, que está basada en muchas realidades.

Esta vez, no te lo contaré en formato teatral sino… como un cuento. Un cuento para jovenes y adultos. Así que…

¡Te espero, en la siguiente página!

EL APRENDIZ

Érase una vez un joven, recién titulado y diplomado de la universidad, que salió al mundo, con el fin de comerselo.

Ilusión y motivacion a raudales para triunfar, tener éxito… y comerse el mundo. Pero… desde la H-U-M-I-L-D-A-D. Porque sin humildad no hay NADA.

Este chico, con veinti cinco años, con título y diploma universitario, más algún titulo máster y certificado profesional… resulta que se encontraba a la deriva.

A la deriva y sin rumbo fijo. Deambulaba haciendo eses por la vida (y que conste, que no bebía), sin saber en donde se encontraba su sueño y cual era su propósito de vida.

Se sentía en el medio del desierto y no veía ni un oásis. Mientras sus amigos/as y compañeros/as de de la universidad, estaban trabajando, él estaba confuso, dubitativo y medio perdido en el escenario de la vida.

Un buen día, le hizo una visita a su abuelo. Hacía más de dos meses que no le veía.

Su abuelo era muy activo. Siempre paseando o se iba a la casa del pueblo… o estaba con los amigos… etc. Era más facil contactar y estar con el presidente de España que con él. Pero un buen día, pudo contactar con él y le dijo que le iba hacer una visita.

El abuelo, muy contento no se opuso naturalmente y le dijo, que fuera cuanto antes, porque tenían una charla pendiente.

Así pues, fue a la casa de su abuelo. A su abuelo, le hizo mucha ilusión el verle. Tenían muchas cosas de que hablar.

Comieron, riéron, jugarón al parchís, al dominó, a las cartas… a todos los juegos habidos y por haber, en la vida de los abuelos y recién jubilados.

En una de esas tardes de charla y juego… estaban jugando al juego de tablero de las dámas. Y en el momento, que iba a mover una ficha su nieto…le dice;

-¿Vas a mover esa ficha? Antes de hacerlo, piénsatelo.- El nieto, se lo piensa y a los pocos segundos, mueve la ficha que quería mover. Acto seguido…

-Está claro, que estás desconcentrado. Porque sino, no serías tan malo hijo mío.- El nieto se le queda mirando boquiabierto y a los pocos segundos, el abuelo, mueve una ficha de su nieto y le dice…;

-Me podías haber comido esta ficha.

-¡Ah, si! ¡Es verdad! ¡Que despiste!

-Un despiste muy gordo. A no sea que, té estés dejando ganar, claro.

-¿Dejarme ganar? Para nada abuelo. Lo que pasa es que… estoy… últimamente estoy… en otro mundo.

-¿En el mundo de las mujeres? ¿Estás enamorado?

-No, no. Que va.- Se ríe.

-¿Tienes novia?

-La tuve en su día. Ahora… no.

-¿Estás pensando en ella?

-Pues…no, la verdad.

-Pues, lo siento mucho, pero tu error no tiene excusa. Con lo cual…-Cogue de la ficha de su nieto y…

-¡Comido por no comer! Como no me has comido, cuando tenías la oportunidad…pues te quedas sin ficha.

-Me lo tengo merecido por despistado.

-Pues si. Esta jugada es como la vida misma. Cuando tienes la oportunidad, si no la aprovechas… date por jodido. Hay que estar atento, ser espabilado, ágil y rápido. Porque sino… viene otro y te quita la novia, el puesto de trabajo… la oportunidad se la gana el otro. Tu has tenido la oportunidad de comerme una ficha… no has andado ágil y… pierdes una oportunidad de ganarme.

En la vida, hay que ser muy rápido y muy zorro, porque sino… te comen todas las fichas y te quedas sin oportunidades.

-Si, lo se.

-Pues… con ésta jugada… te voy a ganar.- El abuelo hace un movimiento con una ficha y le come tres, luego hace otro movimiento con otra y le come otros dos.

Al abuelo le quedan 8 fichas y a su nieto, tan solo dos. Ambos se quedan mirando el tablero. El nieto suspira y…

-Por lo que se ve…me vas a ganar.- Dice el nieto perplejo.

-Si, eso parece. ¿Quieres jugar al ajedrez?

-¡Puf! No tengo paciencia para el ajedrez y no soy muy bueno.

-Que pena, porque ejercitas mucho la mente. El ajedrez, si que es como la vida. Hay que hacer jaque a la vida. ¿Ya haces jaque a la vida?

-Bueno… eso intento.-Se ríe.

-¿Has visto la pelicula "El septimo sello?

-No.

-Es de un director sueco muy famoso. Bergman creo. El padre de la actriz Ingrid Bergman.

-Abuelo…¿Tu ves peliculas de culto?

-Bueno, yo soy más bien de Alfredo Landa, Paco Rabal, Concha Velasco y Gracita Morales. Pero de vez en cuando veo películas raras.

Pues esa película, "El septimo sello", te la recomiendo es muy buena. Es una partida de ajedrez entre un solado de las cruzadas y la muerte.

-Pues si, que es una película rara. ¿Y quien gana la partida?

- Ambos, cada uno a su manera. La tienes que ver. Lo que si te voy a decir, es que… vivas la vida a caballo ganador.

-Que?

-La vida es como una partida de ajedrez y hay que saber mover las fichas correctamente en el tablero de la vida. ¡Hay que hacer jaque mate a la vida!

-Tranquilo abuelo, que te va a subir la tensión.- Se ríe.

-Me da igual. Escucha, la vida es como una partida de ajedrez. Tienes que vivir la vida como un juego, en el que hay que ganar si o si. No hay otra opción. El universo te ofrece el juego de la vida y es a ti quien, le corresponde saberlo jugar correctamente.

-¿Me estás insinuando que… la vida es un juego?

-Si. Es un juego muy serio. En el que ganarás, perderás, reirás, llorarás, te enfadarás, sentiras muchas sensaciones. Pero siempre aprenderás. Al final… todos somos aprendices en la vida.

-¿Tu también?

-Yo, también. A mis… setenta y siete años,,, aun tengo muchas cosas por aprender.

-Pues anda que yo…¡Puff!

-No sabes tu bien. Cuando perdí a tu abuela, pensé que todo se había acabado para mi. Entre en una depresión, tristeza… dejadez… que estuve arratrándome por la vida durante tres años. Pero un buen día…reaccioné.

-¿Cómo?

-¿Te acuerdad de "Melchor" y "Baltasar"? Esos perros, que yo tenía en el caserio…

-¡Si, si! ¡Ya me acuerdo! Jugaba mucho con ellos. Eran muy juguetones, siempre estaban contentos y con ganas de jugar.

-Así es. La mañana de aquel día, vi en ellos el sentido de la vida.

-¿Qué viste… en los perros, el sentido de la vida?

-Así es. Los perros, viven el día a día. Son felices con tres cosas. Con comida, agua y cariño. Y si no tienen comida y agua, las buscan y no paran hasta encontrarla.

Los seres humanos, en cuanto nos falta algo… desesperamos, nos enojamos… y nos rendimos. No nos queremos dar cuenta de las cosas de la vida.

No sabemos apreciar lo que tenemos. Y cuando lo perdemos no somos capaces de ir a recuperarlo. Y cuando lo perdemos definitivamente… somos incapaces de aceptarlo y no dejamos que se vaya. Lo perdido lo convertimos en un apego.

-Si, eso es verdad. A mi me sucedió lo mismo cuando corté la relación con Marta.

- ¿Te has dado cuenta de que los perros tienen un don especial? El don del amor, cariño, fidelidad… siempre dispuestos a ayudar. Bueno, yo creo que todos los animales son así. Los seres humanos en cambio… les cuesta más. Bueno… a lo que iba, aquel día reaccioné y decidí vivir como "Melchor" y "Baltasar".

-¿Decidiste vivir como los perros?

-¡No! Decidí vivir libre y sin miedo. Dueño de mi propia vida. Siempre a contracorriente de lo que hacían los demás.

-¿Por qué?

-Porque lo hacían los demás estaba muy visto, pocas veces daba resultado, era muy aburrido… y veía que llevaban una vida… muy jodida.- Se empieza a reír. Su nieto también comienza a reír. De repente, el abuelo se levanta ante la antenta mirada de su nieto y…

- Vamos a la calle a pasear y así nos aireamos y hablamos.

-¿Más todavía abuelo?

-¡Si! ¿O acaso… solo has venido a que te de la paga?

-Pero si nunca, me has dado la paga.- El abuelo, se queda pensativo y…

-Si, es verdad.- Se ríe. Abuelo y nieto salen a la calle. Comienzan a pasear tranquilamente. Van saludando a los vecinos y conocidos que se cruzan con ellos. Y cada vez, que se cruzan con alguien, en abuelo le cuenta un cotilleo de esa persona, provocando la risa de su nieto. Pero de repente, le dice…;

- ¿Estás trabajando?

-No.-Suspira.

-El otro día hablé con tu padre y…me dijo que te veía alicaido.

-Es que… no hay trabajo.

-¿Qué no hay trabajo?

-Bueno… si. Pero hay poco.

-No sé si habrá mucho o poco, pero la hay. Y estoy seguro que hay más que en mis tiempos. En mis tiempos…

-¿Ya empiezas con las batallitas?

-¿Batallitas? Muchacho, en mis tiempos, cuando yo era joven, no habia tele, ni ordenador, ni mierdas de hoy en día, pero nos moviamos más que los jóvenes de hoy en día.

Teníamos otra vitalidad, más energía, más ilusión y motivación. ¡Y eso, que nos pilló la guerra civil y la posguerra! Que no sé, que fue peor.

-Eran otros tiempos abuelo.

-¡Pues claro, que eran otros tiempos! ¡No te jode! Más complicado y dificiles, pero nosotros lo convertiamos en facilidad y agudizábamos el ingenio para salir adelante y divertirnos. Hoy en día… los jóvenes desaprovecháis las oportunidades y os quejáis de todo. Del gobierno, del sistema, del mundo, de dios… la cuestión es quejarse.

-Abuelo… soy titulado y diplomado en la carrera de empresariales, tengo un máster en administrativo y…

-¡Basta! ¿Y? Tienes títulos y diplomas. ¿Y? ¿Crees que con eso basta? ¿Crees que con eso, ya eres legítimo de tener un puesto de trabajo?

-¡Pues claro! Me he pasado siete años estudiando y…

-¡Y que! Hay que pasarse toda la vida estudiando! Es una obligación moral el tener conciencia de sabiduría.

La vida es un proceso de aprendizaje y nos pasamos toda la vida aprendiendo. Somos aprendices de la vida.

-¿Tu también abuelo?

-Pues claro. Dime… ¿Qué has hecho… para que te llamen para trabajar?

-He enviado el curriculum a un montón de sitios y… he ido a varias entrevistas de trabajo pero…

-Pues hay que seguir luchando. ¡Insistir! Alguna puerta te abrirán.

-Me cierran las puertas.

.Cuando una puerta se cierra, otra se abre.

-¿Qué?

-Las puertas se abren pero tu también tienes que provocar que esas puertas se abran. Si, luchas, insistes y trabajas duro… al final, las puertas se abren.

Y hay que estar atentos a esas puertas que se abren, porque sino… te pasará como en el juego de las damas.Te comeran la fichas y te quedarás sin partida, sin oportunidad. ¿Entiendes lo que te digo?

-Si.-Siguen paseando. A los pocos segundos…

- ¿Qué quieres hacer con tu vida?

-Buena pregunta. Porque… no lo se.

-¿No lo sabes? Bueno… no es un drama no saberlo, pero es un drama saber lo que no quieres y estar haciéndolo.

-¿A que te refieres?

- ¿Has estudiado la carrera que tu querías?

-Pues… bueno… si.

-No lo has dicho convencido. ¿Has estudiado lo que querías o has estudiado lo que te han dicho?

- Pues… la verdad, es que no sé que decirte.

- Lo que me imaginaba. La mayoría no sabéis ni lo que estudiáis ni lo que queréis.

Tienes que estudiar algo que te guste, te apasione y que te sirva para ti y para ayudar a los demás.

Que tus estudios y profesión sea tu propósito de vida. Y teniendo un propósito de vida… es más fácil cumplir los sueños. Porque supongo que tendrás un sueño. ¿No?

-¡Joder, que profundo estás hoy abuelo! Pues… si. Tengo un sueño.

-¿Cuál es?

- Crear mi propia empresa.

-¿De que?

- De informatica y marketing.

-¿Y has hecho algo… hasta la fecha, para conseguir ese sueño?

-Pues…. No.

-¿Y porque no?

-Pues… no lo sé. Supongo porque estaba demasiado ocupado buscando trabajo.

-¿Trabajo que te gusta o un trabajo cualquiera?

-De lo que he estudiado.

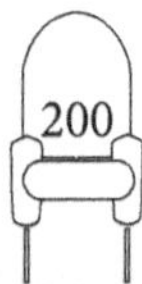

-¿Y lo que has estudiado te gusta?

-Joder abuelo, como estás hoy. Pues… no lo sé. Si… pero no me apasiona. Pero tengo título y diploma…

-¡A la mierda con todo eso!

-¿Qué?- Se ríe.- ¿Por qué dices eso?

- Los títulos y diplomas no valen para nada sin sabiduría, experiencia y pasión.

Vivimos en un mundo que se exige títulos pero no sabiduría. Luego te piden experiencia… pero no te piden pasión.

Cualquier trabajo debe ser vocacional. No puedes ir a trabajar por trabajar. Porque a eso, se le llama sobrevivir. Y estamos aquí, para vivir.

Bueno, puede ser el caso… de que tengas hijos, una hipotéca, un coche por pagar…. Pues entonces, aguantas y trabajar para pagar. La gente está mal viviendo por pagar sus caprichos.

-Pero tener caprichos no es malo.

-No, no es malo. La vida está para disfrutar, pero uno debe saber, cuando se puede permitir ciertos caprichos y cuando no.

-Eso mismo, me dijo mi padre.

-Tu padre sabe mucho. Es mi hijo.- Ambos se miran y se ríen. A los pocos segundos…

-Bueno, que..¿Me invitas a un vino y a una tapa de morcilla?

-¡Vale!

- Hijo… vive tu vida. Que nadie dirija tu vida. Sé el protagonista y escritor de tu vida.

-¡Vale! Gracias por tus consejo abuelo. Me has ayudado mucho. Gracias.

-Gracias a ti, que me vas a invitar a dos vinos y dos morcillas.

-¿Dos vinos y… dos morcillas?

-Si, pero no se lo digas a tu padre.- Ambos se ríen y se dirigen al primer bar que encuentran en el camino. Se meten en el bar, saludan con alegría a los demás parroquianos del bar y se quedan ahí bebiendo, comiendo, riendo… y dialogando sobre la vida.

¿Y que es la vida?

Un gran escenario. En donde, necesitamos ser dirctores/as, guionistas y protagonistas de nuestra propia vida.

Los gobiernos y el sistema tendrán parte de culpa pero solo parte, porque nosotros somos, los únicos responsables de nuestras vidas.

En el siguiente capítulo, pondré fin a esta trilogía. ¡Te espero!

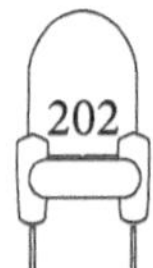

FIN DE LA TRILOGÍA

Podría poner como fondo, la canción "Todo tiene su fin" del grupo **"modulos"**, para despedir esta trilogía.

"MICRO HISTORIAS DE LA VIDA", termina aquí. No obstante, no voy a negar, que en un futuro saque otra trilogía. Tiempo al tiempo.

Espero que te haya gustado la trilogía.

"EL ESCENARIO DE LA VIDA", "VIDA DORADA" y "MICRO HISTORIAS DE LA VIDA".

Tres libros diferentes pero con un mismo hilo conductor. El miedo, la inseguridad y la falta de autoestima.

¿Cómo se combaten?

Haciendo frente a la mente, haciendo caso omiso a la sociedad, a los medios de comunicación y al entorno.

Claro está, que muchas veces esas soluciones no son suficientes. Y hace falta algo más.

Hace falta… empoderamiento, fe en uno mismo, fe en el universo, atraer lo positivo (ley de la atracción).

No hay que preocuparse del pasado ni del futuro. Eso solo, crea incertidumbre y miedo. Y hay que saber convivir con el duelo.

Pedir perdón, decir lo siento, entender porqué suceden las cosas, escuchar a tu alma… y es así, resucitámos. Resiliencia. Redención.

Como diría, mi mentor **Laín García Calvo**…hay que morir para volver a nacer.

Una vez que mueres, renaces al igual que el ave feníx. Al fin y al cabo… todos tenemos algo de Feníx. ¿No?

Hay que vivir como si no hubiese un mañana. Así que, hazte un favor…¡Vive! ¡Vive como si no hubiese un mañana!

Acepta tu miedo y luego…¡Entiérralo! Y con el miedo, la inseguridad.

Bueno, no me voy a extender más. Aquí termina la trilogía. Espero que no te hayas limitado únicamente a leerlos.

Espero que pongas en práctica todo lo que he puesto y he dicho. Hazme caso y dejarás de tener miedo.

Dirige tu propia vida, sé el protagonista y escribe el guión de tu vida. No olvides que la vida, es un enorme escenario. ¡Hazle jaque mate a la vida!

AGRADECIMIENTOS

Mi primer agradecimiento para ti, mi querid/a lector/a. Porque si has llegado hasta aquí, es señal que te has leído los tres libros de la trilogía.

¿Y cual es tu favorito? ¿Cuál te ha gustado el que más? Los tres son diferentes. ¿Verdad?

Bueno, sea como fuere, espero que hayas disfrutado como he disfrutado yo, escribiéndolos.

La escritura es mi pasión y vocación. No sabes bien, lo que siento cuando estoy escribiendo. Me siento libre. Libre como un pájaro y feliz como ciervo sin miedo.

Cuando me pongo a escribir siento la necesidad imperiosa de sacar todo lo que llevo dentro de mi. Que es mucho.

Mi mente, mi alma… fluye. Es como si estuviesen bailando a un compás que marca mi alma. La imaginación es mi arma y mi comida.

Doy las gracias al universo por concederme el don de la imaginación, de la creatividad y de la vocación por la escritura.

Por otro lado, me gustaría agradecer a toda esa gente que me sigue, me apoya, me anima… me pregunta…;

"¿Qué estás escribiendo?", " En que obras estás metido?" , "¿Con que nueva aventura nos vas a deleitar?".

Y eso… me llena de emoción, motivación, ilusión y responsabilidad. Una responsabilidad que acepto gustosamente.

Quiero agradecer también a mis padres, porque no es facil para unas personas con unas creencias muy ancladas en el miedo, aceptar que su hijo se dedica al mundo del arte. Que es artista. Humorista, director de teatro y dramaturgo.

Aceptan y acatan. Al principio a regañadientes pero luego… con una sonrisa.

Quiero agradecer a **Laín García Calvo**, por su inmejorable mentoría y su pasión por enseñarnos e inculcarnos las creencias de la oveja negra. De cada mentoría he sacado mucho jugo.

El universo me puso obstáculos para que los superara y entendiera que la vida es un proceso de desarrollo y aprendizaje personal.

¡Gracias universo! Gracias por lo que he sido, por lo que soy y por lo que seré.

De la misma manera que… ¡Gracias por lo que he tenido, gracias por lo que tengo y por lo que tendré!

Y como no, quiero agradecer a todas esas personas que han aparecido en mi vida. Alumnos/as,

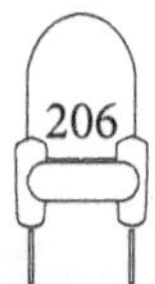

compañeros/as de teatro, de trabajo, personas que he conocido en estos tres meses de confinamiento… que me están aportando mucho.

Y como no, también agradecer a esas personas que han estado en mi vida y se fueron, porque a ellos/as, soy mejor persona. y… gracias a las personas que pronto aparecerán en mi vida para ayudarme a crecer como persona y profesional.

Y como no, a esas personas nuevas y no nuevas que están en mi vida. Que perduran con el paso de los años. Esas personas que saben perfectamente como soy, con todas mis virtudes y defectos.

Y con mis virtudes y defectos, he podido cumplir uno de mis sueños, que forma parte de mi propósito de vida. Crear una trilogía y vivir de la dramaturgia.

Y por último, y no menos importante. Todo lo contrario. Es un agradecimiento muy especial a una persona que está siempre conmigo.

Es Laura Muñoz, una gran bailarina, actriz y escritora. Es una persona que con su dulzura, positivismo y su sonrisa… llega al corazón de todo el mundo.

Y como siempre te digo Laura… baila, baila para la vida. No dejes de bailar. Y que tus mariposas revoloteen a tu alrededor. Un beso muy grande. Eres mi hermana, mi compañera de trabajo… mi alma gemela.

Todos los días, doy gracias al universo por habernos unido en este viaje maravilloso que estamos

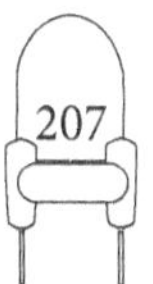

realizando, tanto a nivel artístico profesional como de una amistad universal y de crecimiento personal.

Así pues, me despido con este último agradecimiento. Como diría el bueno de **Rosendo**… ¡Agradecidos compañeros!

Estoy convencido, de que después de leer **"EL ESCENARIO DE LA VIDA"**, ya sea el libro o la trilogía entera… reaccionarás y te convertirás en el/la directora/a y guionista de tu vida.

LAÍN GARCÍA CALVO

Gracias Laín. Gracias, gracias y gracias. Gracias por tus enseñanzas en la mentoría, tu apoyo y tus consejos.

"LA VOZ DE TU ALMA", me abrió los ojos, abrió el alma de par en par.

Su libro sacó la luz que yo llevaba dentro pero… bien escondida. Siempre he sido un chico valiente, decidido, y en cierto modo… un poco oveja negra, pero… en el fondo, vivía bajo las viejas creencias y este libro, me dio una nueva visión de la vida y de mi mismo.

Sin duda, el mejor libro de crecimiento y desarrollo perrsonal que he leído jamás. Toca tantos puntos… que al final, aprendes. Si, si… no solo lo lees a gusto y sorprendido, sino que también aprendes.

Porque es un libro de aprendizaje para poner en práctica, todo lo que pone en su libro.

"LA VOZ DE TU ALMA", es un libro imprescindible para todo aquellas personas que estén dudando, a la deriva, con miedo… o con el alma bajo el yugo de la mente.

A mi, me ha cambiado. A ti también te va a cambiar. Con **"LA VOZ DE TU ALMA"**, comenzarás a creer, a tener fe en ti.

Y entenderás muchas cosas, muchos factores de tu vida que no sabías porqué sucedían, maldecías a la vida, pero después de leer **"LA VOZ DE TU ALMA"**, te darás cuenta de todo. De todos tus errores.

Te darás cuenta, el daño que te han hecho (y a la sociedad) las viejas creencias, inspiradas en el miedo.

"LA VOZ DE TU ALMA", no es un simple libro de espiritualidad. Es el libro que yo aconsejaría para que te entendierá la persona del funcionamiento de la vida y del universo.

A mi me abrío la mente y gracias a eso, he podido y he sabido escribir esta trilogía. La trilogía del **"ESCENARIO DE LA VIDA"**.

Por último… ¡Sal del rebaño de las ovejas blancas y métete, en la de las ovejas negras descarriadas, como diría Laín García Calvo.

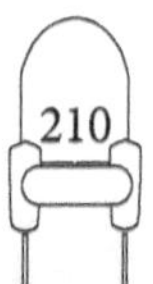